KB193647

초역 발타자르 그라시안의 말

이 시대를 살아가는 법,
세속적인 지혜의 기술

발타자르 그라시안 저

서문

시대를 초월한 지혜

발타자르 그라시안은 17세기 스페인의 저술가이자 예수회 성직자로, 인간의 본성과 삶의 본질을 깊이 탐구한 사상가였다. 그의 글은 단순한 교훈을 넘어 복잡한 현실 속에서 어떻게 살아가야 하는지를 제시하는 실용적인 지침으로 가득하다. 이러한 그의 저작은 시대를 넘어 세계적으로 번역되며 많은 독자에게 사랑받고 있다.

그의 가르침은 단순히 도덕적 교훈을 강조하는 것이 아니다. 그는 세상을 이상적으로 바라보지 않았으며, 현실의 복잡성을 직시하는 태도를 가졌다. 그렇기에 그의 글은 철학적 사유를 넘어 실제 삶에서 적용할 수 있는 지혜의 결정체라 할 수 있다. 특히, 당시 스페인의 정치적, 사회적 혼란 속에서도 냉철함과 실용적인 태도를 유지하며 인간관계와 성공, 자기 관리에 대한 깊은 통찰을 남겼다.

시대를 넘어 사랑받는 지혜

그라시안의 저서는 단순한 이론서가 아니라, 삶의 전략을 담은 실용적인 지침서로 평가받는다. 그의 글은 이상적 가치에 머물지 않고, 실제 삶에서 지혜롭게 행동하는 법을 제시한다. 이러한 실용성과 통찰력 덕분에 그의 작품은 시대를 넘어 여전히 많은 사람들에게 읽히고 있다.

독일의 철학자 아르투어 쇼펜하우어는 그의 저작을 독일어로 번역하며 "인생의 훌륭한 지침서"라 극찬했다. 프리드리히 니체 또한 그라시안을 "유럽 역사상 가장 정교하고 복잡한 도덕률을 제시한 인물"이라 평가하며 그의 통찰에 감탄했다. 그의 저서는 마키아벨리의 『군주론』과 함께 인생, 권력, 인간관계에 대한 불멸의 고전으로 자리 잡았다.

이처럼 고전은 단순히 과거의 유산이 아니라, 오늘날에도 여전히 유효한 통찰을 제공한다. 학교에서는 공부하는 법을 가르치고, 사회에 나와서는 직장 생활을 배우지만, 정작 인간관계와 처세술에 대해서는 배울 기회가 거의 없다. 많은 사람들은 경험을 통해 자연스럽게 이를 깨우치지만, 때로는 수십 년이 지난 후에야 그 중요성을 실감하기도 한다. 다행히 우리는 선인들이 남긴 고전을 통해 이런 지혜를 미리 배울 수 있다.

현대 사회에서 더욱 빛나는 지혜

오늘날 우리는 하루에도 수많은 정보를 접한다. 인터넷과 미디어는 끊임없이 새로운 정보를 쏟아내지만, 정작 그 속에서 길을 잃고 혼란에 빠지기 쉽다. 현대 사회에서 필요한 것은 단순한 정보 습득이 아니라, 정보의 본질을 이해하고 올바르게 활용하는 능력이다.

그라시안의 가르침은 이러한 혼란 속에서 내면의 중심을 찾고 자신을 잃지 않는 법을 가르쳐준다. 그의 지혜는 단순한 이론이 아니라, 실천을 통해 삶을 개선하고 더 나은 방향으로 이끌어줄 실제적인 조언들로 이루어져 있다. 그는 우리에게 묻는다.

"끊임없이 변화하는 세상에서 어떻게 흔들리지 않고 자신을 유지하며 성공할 수 있을까?"

그 해답은 그의 글 속에 담겨 있다.

최근 '마흔에 읽는 고전', '오십에 읽는 고전'과 같은 시리즈가 다시 주목받는 것도 이와 같은 이유에서다. 고전은 단순히 오래된 책이 아니라, 시대가 변해도 변치 않는 인간의 본성과 삶의 원리를 담고 있다. 우리가 직면하는 고민과 갈등은 수백 년 전에도 존재했으며, 그라시안과 같은 지혜로운 사상가들은 이를 해결할 통찰을 남겼다.

이 책이 전하는 메시지

　이 책은 독자들이 그라시안의 가르침을 쉽게 이해하고 삶에 적용할 수 있도록 구성되었다. 번역 과정에서 스페인어 원문이 아닌 영어 원문을 기반으로 하였으며, 이는 보다 명확하고 현대적인 해석을 통해 독자들에게 친숙한 문장으로 전달하기 위함이다. 그라시안의 글은 한 문장 한 문장이 깊은 의미를 담고 있어, 그의 사상을 온전히 전달하기 위해 원문의 핵심 메시지를 최대한 보존하면서도 독자의 이해를 돕기 위해 문장을 다듬고 내용을 재구성했다. 또한, 각 글에 별도의 제목을 달아 내용을 명확히 하고, 독자들이 필요할 때 쉽게 찾아볼 수 있도록 했다. 이는 그의 글이 지닌 깊이와 통찰을 해치지 않으면서도, 현대 독자들에게 더욱 유용하게 다가가기 위한 방식이다.

독자와 함께하는 지혜

　이 책은 단순히 읽고 끝내는 책이 아니라, 독자들에게 스스로를 돌아보고 자신의 삶에 적용할 기회를 제공한다. 그의 글을 읽는 순간, 독자는 그라시안과 대화를 시작하게 된다. 그는 삶의 매 순간에서 우리에게 지혜롭고 실천 가능한 조언을 건네며, 우리의 내면을 깨우고 성장하도록 돕는다.

　그라시안의 가르침은 단순한 글이 아니다. 그것은 독자와의 대화를 통해 완성되는 살아 있는 지혜다. 그의 글을 통해 우리는 자신을 돌아보고, 더 나은 길을 찾으며, 더 큰 삶의 의미를 발견할 수 있다. 이 책은 당신의 곁에서 언제든 조언을 제공하며, 삶의 모든 순간에 든든한 동반자가 될 것이다.

목차

현자를 기르는 길은 멀고, 사람을 다스리는 일은 더 어렵다 | 성품과 지능이 조화를 이루어야 진정한 성공을 얻을 수 있다 | 모든 것을 드러내지 말고 신비감을 유지하라 | 지식은 두 눈과 같고, 용기는 두 손과 같다 | 사람들에게 위안을 주되 완전히 만족시키지 말고, 필요한 존재로 남아라 | 완성은 목표가 아니라 과정이다 | 신중한 사람은 자신의 장점을 감추고, 필요할 때만 드러낸다 | 진정한 강함은 외부를 지배하는 데 있는 것이 아니라, 자신의 내면을 다스리는 데 있다 | 결점은 감추고, 강점은 빛나게 하라 | 인간의 일생은 정말로 한순간이다 | 운은 바람처럼 왔다가 사라지지만, 명성은 역사의 기록 속에 남는다 | 지혜로운 사람과의 교제가 최고의 배움이다 | 기술은 나쁜 것을 좋게 바꾸고, 좋은 것을 더 완벽하게 만든다 | 삶은 진실과 속임수의 끝없는 대결이다 | 좋은 행동은 삶의 장식이며, 행동의 품격은 결국 더 나은 결말을 약속한다 | 진정한 지혜는 곁에 있는 현자들의 통찰을 받아들이는 데서 시작된다 | 도가 없는 지식은 방향을 잃은 칼과 같으며, 목적 없는 행동은 의미 없는 방황일 뿐이다 | 뛰어난 재능을 타고나도 노력하지 않으면 성취는 멀어진다 | 노력과 지혜가 탁월함을 완성한다 | 남들의 기대감이 지나치게 높을 때는 시작하지 마라 | 탁월한 사람들은 시대를 기다리고, 지혜는 시대를 초월한다 |

행운은 용기 있는 자에게 미소 짓고, 도전하는 자에게 자신의 손을 내민다 | 때로는 재치 있는 한마디가 진지한 가르침보다 더 큰 깨달음을 준다 | 결점을 인정하고 전략적으로 다루는 것이 완벽함으로 가는 길이다 | 상상력을 통제하면 삶은 꿈보다 위대해진다 | 가장 중요한 진실은 항상 완전히 드러나지 않는다 | 다른 사람의 의지를 움직이려면, 먼저 상대의 약점을 정확히 파악

해야 한다. | 가장 훌륭한 것들은 늘 드물고 특별하며, 수가 많아질수록 가치가 떨어진다 | 올곧음은 진리를 끝까지 지키는 용기다 | 평판을 지키려면 어리석은 행동을 피하라 | 행운은 언제나 준비된 자를 선택하고, 불운은 무방비한 자를 집어삼킨다 | 인간의 마음은 선의 앞에서 열리고, 가장 강력한 권력은 호의에서 시작된다 | 자신을 분리할 줄 아는 지혜를 익혀라 | 탁월한 자질은 키우고, 부족한 점은 보완해야 한다 | 신중하게 생각하라, 깊이 생각할수록 멀리 볼 수 있다 | 행운을 가늠하고 기회를 놓치지 마라 | 암시를 읽고 활용하는 지혜를 익혀라 | 이길 때 물러설 줄 아는 자가 진정한 승자다 | 가장 아름다운 것은 정점에 도달한 순간을 아는 것이다 | 호감을 얻고 싶다면, 먼저 호의를 베풀어라 |

제3장 사람들과의 교류에서 얻는 지혜 | 59

과장은 신뢰를 잃는 가장 빠른 길이다 | 타고난 통치력은 말이 아니라 존재에서 나온다 | 소수와 함께 생각하고, 다수와 함께 말하라 | 탁월함은 위대한 사람들과의 교감을 통해 더욱 빛난다 | 계략을 사용할 때는 절대 드러나지 않도록 해야 한다 | 타인의 탁월함을 존경하라, 그것이 성장의 시작이다 | 위험 앞에서 현명하게 물러설 줄 아는 자만이 진정한 승리를 거머쥔다 | 내면의 깊이가 진정한 가치를 결정한다 | 통찰력과 판단력은 세상을 지배하는 힘이다 | 자신을 존중하는 것이 진정한 올바름이다 | 삶의 성공은 올바른 선택에서 시작된다 | 침착함과 안정감은 주변 사람들에게 신뢰와 존경을 불러일으킨다 | 근면과 지혜의 조화가 성공을 만든다 | 대담함은 위대한 시작을 가능하게 하고, 신중함은 그 끝을 완성시킨다 | 기다릴 줄 아는 사람에게 행운이 찾아온다 | 진정한 민첩함은 단순한 즉흥성을 넘어선다 | 가치가 클수록 더 많은 시간과 노력이 요구된다 | 노련한 매사냥꾼은 매를 훈련할 때 적절한 양의 사냥감을 제공한다 | 시작의 박수갈채보다, 끝에서 얻는 진정한 기쁨이 더 중요하다 | 선천적인 지혜는 강력한 자산이다 |

제4장 신중함과 결단력 | 80

최고의 자리에서 빛나는 탁월함이 진정한 위대함이다 | 좋은 도구를 사용하는 것이 위대함을 만든다 | 먼저 시작하고 탁월함을 갖추면, 그 가치는 배가된다 | 불쾌함을 피하는 것이 지혜로운 선택이다 | 입이 크면 한 입 거리도 커야 한다 | 사람들은 과정보다 결과에 주목한다 | 아무리 가치 있는 일이라도 알아주는 사람이 없다면 그 진가가 묻힐 수 있다 | 이해를 돕는 것이 기억을 일깨우는 것보다 낫다 | 감정에 휘둘리지 마라 | 거절할 때는 예의를 갖추고, 실망을 따뜻한 말로 감싸야 한다 | 기질에서 비롯되었든 의도적인 가식이든, 일관성 없는 행동은 피해야 한다 | 단호한 결정을 내릴 줄 아는 사람들은 높은 자리에 오를 자격이 있다 | 위험을 모면하는 지혜를 익혀라 | 다가가기 쉬운 사람이 되어라 | 탁월한 본보기를 선택하고 그것을 넘어서라 | 농담은 적절하게 활용하되, 중요한 순간에는 신중함을 유지하라 | 모든 사람과 조화를 이루는 지

혜를 갖추라 | 신중함 없이 무리하게 시도하면 실패로 이어진다 | 약간의 유머는 모든 상황에서 분위기를 부드럽게 만드는 양념과 같다 | 정보는 종종 강한 인상을 남기려는 의도로 과장되기도 한다 |

제5장 변화와 성장의 힘 | 101

끊임없이 자신을 새롭게 하라 | 오렌지를 너무 짜면 단맛보다 쓴맛이 먼저 느껴진다 | 작은 잘못을 허용하여 시기심을 누그러뜨려라 | 적대감은 때때로 우호적인 관계보다 더 많은 것을 가르쳐준다 | 횃불은 밝을수록 빨리 타들어가며, 너무 자주 사용되면 그 빛이 무뎌진다 | 나쁜 소문은 자극적이고 믿을 법한 데다, 한 번 들으면 쉽게 잊히지 않는다 | 교양은 인간을 완성하는 필수 요소이다 | 관대함으로 위대함을 완성하라 | 자기 자신을 아는 것은 모든 지혜의 출발점이다 | 오래 사는 비결은 선하게 사는 데 있다 | 확신 없는 행동은 실수를 부르고, 신중한 준비만이 성공을 보장한다 | 탁월한 분별력이 모든 성공의 열쇠다 | 완벽함은 여러 사람의 가치를 하나로 모은 것이다 | 능력을 드러내는 것보다 신비롭게 감추는 것이 더 강한 인상을 남긴다 | 기대감을 불러일으켜 더 높은 가치를 만들어라 | 상식은 가장 강력한 방어 수단이며, 부족할 경우 신뢰를 얻기 어려워진다 | 명성을 얻는 것보다 중요한 것은, 그것을 가치 있게 유지하는 것이다 | 침묵과 신중한 전략은 종종 가장 강력한 무기가 된다 | 겉모습이 실제를 지배한다 | 속임수를 분별하는 능력은 지혜의 본질이다 |

제6장 자신을 완성하는 법 | 122

모든 평가에는 다양성이 존재한다 | 큰 행운을 얻는 것보다 중요한 것은, 그 행운을 감당할 수 있는 그릇을 갖추는 것이다 | 왕관을 쓴 자만이 왕이 되는 것이 아니라, 태도가 곧 위엄을 결정한다 | 일의 본질을 정확히 이해하고, 그에 맞는 방식으로 접근하라 | 좋은 말은 짧을수록 더 강한 인상을 남기고, 나쁜 말조차도 짧으면 그 피해를 줄일 수 있다 | 진정한 평가는 우연한 행운이 아니라, 탁월한 재능과 역량에서 비롯된다 | 의심은 일을 철저히 준비하게 만들고, 예기치 않은 상황에 대비할 수 있도록 돕는다 | 완성된 사람이 되는 지름길은 교제에 있다 | 비난하지 말고, 관대함을 배워라 | 미인은 거울 속 자신의 모습이 낯설어지기 전에 스스로 거울을 깨뜨린다 | 친구는 인생의 동반자이자, 가장 든든한 힘이다 | 호의를 얻는 것이 성공의 열쇠다 | 좋은 시절일수록 역경을 대비하라 | 경쟁은 평판에 흠집을 내고, 대립은 명예를 훼손시킨다 | 지인의 결점에 익숙해져라 | 항상 신뢰할 수 있는 사람들과 교제하라 | 자신에 대해 말하지 마라 | 예의 바른 태도는 좋은 평판을 만드는 가장 쉬운 방법이다 | 스스로 미움을 사지 마라 | 현실적인 삶을 살아라 |

물이 아닌, 지혜로운 사람이 되어라 | 백 번의 성공보다 한 번의 실수를 경계하라 | 예비를 갖춘 자가 가장 강하다 | 호의는 신중히 사용하고 귀하게 간직하라 | 잃을 게 없는 사람과의 싸움은 피하라 | 우리 같은 사람과의 교제는 신중함이 필요하다 | 조급함을 버리고, 삶을 천천히 음미하라 | 내실이 없는 것은 결국 무너진다 | 지식은 스스로 배우거나, 지혜를 가진 자에게 구하라 | 적당한 거리감이 존중을 만든다 | 때로는 자신의 직감을 믿고 따르는 것이 필요하다 | 말을 절제하는 것이 능력을 보호하는 길이다 | 적의 의도를 따르지 말고, 스스로 판단하라 | 진실을 신중히 말하고, 침묵할 줄 알라 |

제10장 품격 있는 삶의 원칙 | 209

대담함은 지혜를 돋보이게 한다 | 완고함보다 유연함이 더 큰 가치를 만든다 | 격식보다 내실을 우선하라 | 단 한 번의 시험에 명성을 걸지 마라 | 겉모습에 속지 말고 본질을 꿰뚫어 보라 | 유리한 일은 직접 하고, 불리한 일은 지혜롭게 우회하라 | 진정한 칭찬은 너의 신뢰성과 진실성을 드러내는 가장 강력한 수단이다 | 목표를 이루는 가장 효과적인 방법은 사람들이 지속적으로 자신을 필요로 하게 만드는 것이다 | 세상에는 위로받을 수 없는 고통은 없다 | 과장된 정중함은 진심 어린 예의가 아닌 전략적 수단일 뿐이다 | 온화한 마음은 단순히 오래 사는 것을 넘어, 그 시간을 더욱 풍요롭고 즐겁게 만든다 | 남의 문제를 이용해 자신의 이익을 챙기려는 사람을 경계하라 | 목표는 높게 설정하되, 도달할 수 없을 정도로 무리해서는 안 된다 | 현명한 사람은 사물을 정확히 평가하고, 각자의 장점을 파악하며, 어떤 노력이 필요한지 이해한다 | 자신이 가진 행운을 알고 그것을 따르는 것이야말로 지혜다 | 어리석은 사람은 얕은 관계에서도 위험하고, 가까워질수록 더욱 위험하다 | 스스로의 가치를 높이려면,때로는 환경을 바꿀 줄 알아야 한다 | 스스로를 드러낼 때와 감출 때를 아는 것이야말로 진정한 지혜다 | 바라는 것을 남겨둬야 행복이 지속된다 | 진정한 지혜는 어리석음을 아는 데서 시작된다 |

제11장 도전과 균형의 길 | 230

행동은 삶의 본질이고, 말은 삶의 장식과 같다 | 탁월함은 단순한 이름이 아니라, 실력과 성취로 입증되는 것이다 | 쉬운 일에 방심하면 실패할 수 있고, 어려운 일에 겁먹으면 시작조차 하지 못한다 | 대수롭지 않게 여길 때, 진정으로 원하는 것들이 올 것이다 | 저속한 사람들의 말에 귀 기울이지 말고, 그들의 논리에 말려들지 마라 | 우연히 일어나는 감정의 동요를 경계하라 | 어리석음은 피해야 하지만, 과도한 고민으로 자신을 괴롭히지도 마라 | 대중이 저지르는 어리석음에 휩쓸리지 말고 피하라 | 진실을 다루는 능력은 사실을 말하는 것을 넘어, 그것을 어떻게 전달하느냐에 따라 결정된다 | 중요한 것은 과정이 아니라 끝이다 | 지식과 능력은 마르지 않는 샘물처럼 유지되어야 한다 | 반박은 상대를 옭아매는 것이 아니라, 깊은 대화를 이끄는 기술이

다 | 하나의 어리석음을 바로잡으려다 또 다른 어리석음을 범하기 쉽다 | 숨겨진 의도를 간파하라 | 명확하지 않은 생각은 제대로 된 판단과 결정을 내릴 수 없게 만든다 | 영원히 사랑하지도, 영원히 미워하지도 마라 | 고집은 감정에서 비롯된 장애물과 같으며 결국 주변에 갈등을 일으킨다 | 교활함이 아닌 현명함으로 존경받아라 | 시대를 따를 줄 아는 사람은 곧 시대를 이끌 줄 아는 사람이다 | 타인의 품위를 훼손하는 이는 가까이할수록 불필요한 갈등에 휘말리게 할 뿐이다 |

제12장 올바른 판단과 신중함 | 251

자제는 인간이 가질 수 있는 최고의 미덕이다 | 독특함은 차별화가 아닌 결점이다 | 좋은 것도 칼날 쪽을 잡으면 상처를 입고, 해로운 것도 칼자루 쪽을 잡으면 보호받는다 | 단점은 숨길수록 더 강해지지만, 드러내면 극복의 첫걸음을 뗄 수 있다 | 호의를 베풀되, 신중하라 | 첫인상에 쉽게 휘둘리는 것은 자신의 지혜와 깊이가 부족함을 드러낼 뿐이다 | 험담은 결국 자신을 무너뜨린다 | 휴식 없이 달리는 삶은 쉬어갈 여관이 없는 장거리 여행처럼 지치고 고통스러울 뿐이다 | 제때 보고 깨닫지 않으면, 기회는 사라진다 | 준비가 끝나기 전에는 결코 그것을 드러내지 마라 | 진정한 지혜는 삶의 실제에 유용하게 쓰일 때 비로소 빛난다 | 어떤 사람에게는 기쁨이 될 행동이, 또 다른 사람에게는 모욕이 될 수도 있다 | 명예를 타인에게 맡길 때는 상대방과 위험과 책임을 함께 나누어라 | 부탁은 단순한 요청이 아니라, 사람의 심리와 관계를 이해하고 활용하는 기술이다 | 미리 베푸는 호의는 상대에게 더 큰 고마움과 갚아야 할 의무로 자리 잡는다 | 비밀은 관계를 위태롭게 할 수 있고, 친구 사이에서도 갈등의 씨앗이 될 수 있다 | 자신의 부족함을 인정하고 개선하려는 노력만이 완성된 사람을 만들어 준다 | 가장 예리한 칼날이 쉽게 부러지는 것처럼, 지나친 명석함은 때로 위험을 초래한다 | 무지해서는 안 되지만, 필요할 때는 모르는 척할 줄도 알아야 한다 | 농담을 할 때는 멈출 타이밍을 아는 것이 중요하다 |

제13장 끊임없는 자기 개선 | 270

시작한 일을 끝까지 마무리하는 것, 그것이 곧 능력과 의지의 증명이다 | 비둘기의 순진함과 뱀의 교활함을 겸비하라 | 호의를 베풀되, 호의를 빼앗기지 않는 지혜를 가져야 한다 | 평범함을 넘어서 독창적으로 생각하라 | 변명은 요청받기 전에는 하지 마라 | 조금 더 배우고, 조금 덜 바쁘게 살아라 | 새로운 것에 지나치게 휘둘리지 마라 | 삶의 끝에서 시작하지 말고, 중요한 일부터 하라 | 때로는 반대로 생각해야 진실을 볼 수 있다 | 신과 인간의 방편을 조화롭게 활용하라 | 자신이나 타인에게 완전히 예속되지 마라 | 남들에게 쉽게 파악되지 않는 사람이 되어라 | 작은 불행도 가볍게 여기지 마라 | 선을 베풀 때는 적절함과 균형이 중요하다 | 어리석은 자들을 피하고, 정중함으로 무장하라 | 인간관계를 끊을 때도 품위를 유지하라 | 자신의 잘못을 떠넘길

대상이나 불행을 함께 짊어질 사람을 곁에 두어야 한다 | 모욕을 칭찬으로 바꿀 줄 아는 지혜를 가져라 | 그 누구에게도 예속되지 말고, 누구도 너에게 예속되지 않게 하라 | 잘못을 깨달았다면 끝까지 고집하지 마라 |

제14장 완벽함의 추구 | 291

잊을 줄 아는 것은 삶의 지혜다 | 즐거움을 소유하기보다 나누어라 | 단 하루도 방심하지 마라 | 아랫사람이 어려움을 통해 성장하게 하라 | 너무 착해서 나쁜 사람이 되지 마라 | 비단 같은 말과 부드러운 마음으로 세상을 대하라 | 현명한 사람은 처음부터 올바르게 행동한다 | 새로움의 가치를 활용하고, 제때 행동하라 | 많은 사람이 좋아하는 것을 쉽게 비난하지 마라 | 잘 모를 때는 가장 안전한 선택을 해야 한다 | 예의는 상대방에게 정중함과 감사의 마음을 느끼게 하는 기술이다 | 상대의 기질과 행동을 읽는 것은 효과적인 소통과 지혜로운 관계의 시작이다 | 매력은 성공을 이끄는 가장 강력한 무기다 | 다른 사람과 어울리되 품위를 잃지 마라 | 취향과 기질을 발전시키는 것은 스스로를 더 나은 방향으로 이끈다 | 탁월한 것을 적절히 과시할 줄 아는 사람은 더 큰 감탄을 이끌어낸다 | 튀는 행동은 피하라, 탁월함조차도 지나치게 눈에 띄면 결함이 될 수 있다 | 반박에 쉽게 반응하지 말고 신중하게 대처하라 | 강직함을 잃지 말고, 자신의 가치를 지켜라 | 지혜로운 사람들에게 인정받아라. | 적절한 순간에 물러나고, 신비로움을 유지하는 것이 진정한 명성을 높이는 방법이다 | 창의적이되, 신중함을 잃지 마라. | 요청받지 않은 상황에서는 나서지 말고, 필요한 순간에만 행동해야 한다 | 타인의 불행에 휘말려 스스로를 잃지 마라 | 모두에게 지나치게 의존하거나 신세 지지 마라 | 경기에 참여하는 선수보다 관객이 더 많은 것을 볼 수 있다 | 상황에 순응하는 것이 지혜의 정점이다 | 경솔함은 명예를 실추시키는 가장 큰 결함이다 | 존경과 사랑을 균형 있게 받아라 | 사람을 시험할 줄 아는 통찰력을 길러라 | 자질이 책무를 능가하도록 하라 | 성숙함은 삶의 품격을 완성한다 | 자기 의견을 절제하고 신중하게 판단하라 | 허세가 아닌 실제 행동으로 증명하라 | 탁월함과 위엄으로 자신을 완성하라 | 항상 남들이 지켜보는 것처럼 행동하라 | 뛰어난 사람은 재능, 깊은 사고, 그리고 유쾌한 취향을 갖춘다 | 허기를 남겨둬야 더 큰 가치를 얻는다 | 성숙한 사람이 되어라 |

제1장 지혜로운 삶의 기본 원칙

현자를 기르는 길은 멀고,
사람을 다스리는 일은 더 어렵다

모든 것이 정점에 이르렀고, 진정한 사람이 되는 것이야말로 가장 위대한 완성이다. 오늘날 지혜로운 사람이 되려면, 과거 그리스의 일곱 현자가 되는 것보다 더 많은 지식과 통찰이 필요하다. 이제는 단 한 사람을 상대하는 일조차, 예전에는 한 국가를 다스리는 것만큼 많은 자원과 노력이 요구된다.

성품과 지능이 조화를 이루어야 진정한 성공을 얻을 수 있다

성품과 지능은 재능을 움직이는 두 축이며, 이를 통해 자신의 능력을 효과적으로 드러낼 수 있다. 이 둘 중 하나만 갖추어서는 온전한 성공을 이루기 어렵다. 지능만으로는 충분하지 않으며, 올바른 성품이 함께 뒷받침되어야 한다. 어리석은 사람은 자신의 처지, 지위, 출신, 또는 우정을 고려하지 않고 경솔하게 행동하여 결국 실패를 자초한다.

003

모든 것을 드러내지 말고
신비감을 유지하라

　일할 때 모든 것을 한 번에 드러내지 마라. 새로운 성과는 사람들에게 감탄을 불러일으키지만, 너무 노골적으로 내보이면 오히려 그 매력이 반감된다. 자신을 즉시 드러내기보다 신비로움을 남겨두면, 사람들의 관심과 기대를 더욱 끌어낼 수 있다. 특히 중요한 위치에 있다면, 적절한 거리감이 더 큰 영향력을 발휘한다. 자신의 생각과 계획을 지나치게 솔직하게 공개하면, 상대가 너를 가볍게 여기거나 쉽게 예측할 수 있다. 신중한 침묵은 지혜의 한 형태이며, 선불리 결정을 밝히면 존중받기보다 비판받기 쉽다. 만약 그 결정이 실패로 끝난다면, 불운은 더욱 커질 것이다. 사람들의 관심을 지속적으로 받고 싶다면, 말과 행동에 신중함과 절제를 더하고, 기대할 수 있는 여지를 남겨두어라.

지식은 두 눈과 같고,
용기는 두 손과 같다

　지식과 용기는 함께할 때 비로소 위대한 성과를 만든다. 이 두 가지는 시간이 지나도 변하지 않는 가치를 지니며, 이를 갖춘 사람은 쉽게 흔들리지 않는다. 사람의 가치는 그가 가진 지식의 깊이에 따라 결정되며, 지혜로운 사람은 어떤 상황에서도 해결책을 찾아낸다. 반면, 무지한 사람은 한계에 갇혀 세상을 제대로 바라보지 못한다. 판단력과 행동력은 마치 눈과 손처럼 함께 작용해야 한다. 아무리 뛰어난 지혜를 가졌다 해도 용기가 없다면 그것을 실현하지 못하며, 결국 지식은 쓸모없는 이론에 머물고 만다.

사람들에게 위안을 주되 완전히
만족시키지 말고, 필요한 존재로 남아라

사람들이 너에게 의존하도록 만들어라. 신이 처음부터 숭배받은 것이 아니라, 사람들이 그를 필요로 하고 따를 때 비로소 신이 된 것처럼, 사람들도 너를 필요로 하게 만들어야 한다. 진정으로 영리한 사람은 일시적인 감사보다 지속적인 필요성을 선택한다. 사람들은 기대하는 것은 오래 기억하지만, 받은 은혜는 쉽게 잊어버린다. 단순한 친절보다 의존을 통해 얻는 것이 훨씬 많다. 이미 갈증이 해소된 사람은 우물을 떠나고, 한 번 짜낸 오렌지는 더 이상 가치가 없다. 마찬가지로, 필요가 사라지면 예의도, 존경도 함께 사라진다. 경험이 가르쳐주는 가장 중요한 교훈 중 하나는, 사람들에게 계속해서 기대하게 만들면서도 그것을 완전히 충족시키지 않는 것이다. 심지어 왕에게도 적용되는 원칙이다. 그러나 이 전략을 지나치게 사용해서는 안 된다. 사람들을 혼란스럽게 하려고 일부러 침묵하거나, 그들의 어려움을 이용해 끝없이 끌어가는 것은 오히려 신뢰를 잃게 만들 수 있으니 주의해야 한다.

완성은 목표가 아니라 과정이다

스스로를 끊임없이 발전시켜라. 누구도 태어날 때부터 완벽하지 않으며, 완전함에 가까워지려면 지속적인 노력이 필요하다. 매일 조금씩 성장하며, 개인적인 면에서도 직업적인 면에서도 더욱 성숙해지도록 힘써야 한다. 재능을 갈고닦으며 탁월함에 도달하는 것이 목표가 되어야 한다. 완성된 사람은 세련된 취향, 깊이 있는 지성, 분명한 의지, 성숙한 판단력을 갖춘다. 그러나 어떤 이들은 끝내 자신을 발전시키지 못한 채 항상 부족함을 안고 살아가며, 또 어떤 사람들은 완전함에 이르기까지 오랜 시간이 걸린다. 하지만 진정으로 완성된 사람은 신중한 말과 현명한 행동을 겸비하며, 뛰어난 사람들 사이에서도 인정받고 존경받는다.

신중한 사람은 자신의 장점을 감추고, 필요할 때만 드러낸다

상사보다 더 빛나려 하지 마라. 누구나 패배를 달갑게 여기지 않으며, 특히 자신의 상사를 뛰어넘는 것은 어리석고 위험한 행동이다. 뛰어난 능력은 쉽게 반감을 불러일으키며, 그 대상이 상사나 권력자라면 더욱 그렇다. 탁월한 재능이 있다면 이를 드러내기보다는 신중하게 감추는 것이 현명하다. 마치 아름다움을 은은하게 감추는 것이 더욱 우아해 보이듯, 능력도 필요할 때만 조심스럽게 보여주어야 한다. 사람들은 재산이나 성격, 기질에서 부족함을 느끼는 것은 쉽게 받아들이지만, 지성에서 밀리는 것은 누구도 좋아하지 않는다. 특히 지성은 모든 자질 중에서도 가장 뛰어난 덕목이기에, 이를 능가하는 것은 권력자에게 모욕으로 느껴질 수 있다. 권력을 가진 자들은 자신이 가장 중요한 영역에서 우위를 점하고 있다고 인정받기를 원하며, 도움을 받는 것은 좋아하지만 능가당하는 것은 용납하지 않는다. 따라서 조언할 때는 그가 잊고 있던 점을 부드럽게 상기시키는 태도를 취해야 하며, 마치 그가 미처 깨닫지 못한 것을 직접 가르쳐주려는 듯한 태도는 피해야 한다. 별들은 저마다 빛을 내지만, 감히 태양을 뛰어넘으려 하지 않는다는 점에서 이러한 섬세한 지혜를 배워야 한다.

진정한 강함은 외부를 지배하는 데 있는 것이 아니라, 자신의 내면을 다스리는 데 있다

감정에 휘둘리지 않는 사람이 되어라. 이것이야말로 가장 뛰어난 정신적 자질이다. 순간적인 감정이나 사소한 감정에 휩쓸리지 않을 때, 너의 품격은 더욱 높아진다. 무엇보다 중요한 것은 자신의 감정을 통제하는 것이며, 이는 강한 의지의 힘이다. 감정이 마음속에서 요동칠 수는 있지만, 그것이 너의 행동과 판단까지 흔들도록 내버려 두어서는 안 된다. 특히 높은 위치에 있는 사람이라면 감정을 절제하는 것이 더욱 중요하다. 감정을 조절하는 것은 불필요한 갈등을 피하는 가장 현명한 방법이며, 타인의 신뢰와 존경을 얻는 길이기도 하다.

결점은 감추고,
강점은 빛나게 하라

　태어난 환경의 한계를 그대로 따르지 마라. 물이 흐르면서 주변의 좋은 점과 나쁜 점을 함께 흡수하듯, 너도 자라온 환경의 영향을 받는다. 어떤 사람들은 고향 덕을 보기도 하지만, 사실 어느 지역이든 나름의 단점이 있기 마련이다. 이런 단점들은 다른 나라 사람들에게 조롱거리가 되기도 하고, 같은 나라 사람들끼리는 스스로를 위로하는 핑곗거리가 되기도 한다. 그러나 만약 네가 이러한 결점을 극복하거나 최소한 감출 수 있다면, 같은 동포들 사이에서도 돋보이는 사람이 될 것이다. 예상치 못한 미덕은 더욱 빛나 보이기 때문이다. 사람의 단점은 출신, 환경, 직업, 시대적 배경에 의해 형성되며, 이를 스스로 다듬지 않는다면 결국 주변 사람들에게 부담을 주는 존재가 될 수도 있다.

행운은 바람처럼 왔다가 사라지지만,
명성은 역사의 기록 속에 남는다

　명성과 행운은 삶을 움직이는 두 축이다. 행운은 변덕스럽고 쉽게 사라지지만, 명성은 오래 지속된다. 행운은 현재를 살아가는 데 도움이 되지만, 명성은 시간이 지나도 가치를 잃지 않는다. 행운은 우연히 찾아올 수도 있고, 노력으로 어느 정도 끌어당길 수도 있다. 하지만 명성은 오직 끊임없는 노력으로 쌓아야 한다. 명예를 향한 갈망은 강한 의지와 활력에서 나오며, 위대한 사람들에게는 언제나 명성이 따라다녔다. 그러나 명성은 극단을 오간다. 어떤 이는 찬사를 받으며 천재로 불리지만, 또 어떤 이는 혐오의 대상이 되어 괴물로 기억된다.

지혜로운 사람과의 교제가
최고의 배움이다

배울 수 있는 사람들과 함께하라. 좋은 관계는 단순한 친분이 아니라 배움의 기회가 되어야 하며, 대화는 단순한 말의 교환이 아니라 지혜를 나누는 시간이 되어야 한다. 친구를 스승처럼 여기고, 배움의 즐거움을 대화 속에서 찾으라. 지혜로운 사람들과 어울리면 네가 하는 말은 존중받고, 듣는 것은 값진 지식이 될 것이다. 사람들은 보통 자신의 이익을 위해 관계를 맺지만, 이런 경우 그 이익은 더욱 고귀한 것이 된다. 신중한 사람들은 뛰어난 인물들 곁에서 배우기를 원한다. 그것은 단순한 교류의 장이 아니라, 위대한 삶을 살아가는 사람들의 무대다. 어떤 이들은 깊은 학식과 뛰어난 판단력으로 존경받으며, 그들은 훌륭한 스승이자 모범이 되는 친구들이다. 그런 이들과 함께하면 자연스럽게 신중함과 지혜를 갖춘 사람으로 성장하게 된다.

기술은 나쁜 것을 좋게 바꾸고, 좋은 것을 더 완벽하게 만든다

　본성과 노력, 그리고 예술은 조화를 이루어야 한다. 아무리 아름다운 것이라도 세심한 손길이 더해지지 않으면 거칠고 투박해 보인다. 완전함도 적절한 가치를 더해야 더욱 빛나며, 부족한 부분은 기술과 기교로 보완해야 한다. 자연은 우리가 가장 필요할 때 뜻대로 움직여주지 않기에, 우리는 노력과 배움을 통해 이를 메워야 한다. 아무리 좋은 천성을 타고났어도 다듬어지지 않으면 거칠고 투박해 보이며, 문화와 수양이 없으면 완전함도 온전히 드러날 수 없다. 사람도 마찬가지다. 아무리 뛰어난 자질을 지녀도 그것을 갈고닦지 않으면 진정한 가치를 발휘하지 못한다. 완전함은 타고난 재능만으로 이루어지는 것이 아니라, 끊임없는 노력과 수련을 통해 완성되는 것이다.

삶은 진실과 속임수의
끝없는 대결이다

　다른 사람의 속마음을 읽고 숨겨진 의도를 파악하라. 인간관계는 보이지 않는 심리전이며, 많은 사람이 자신의 진짜 목적을 감추고 교묘한 전략을 사용한다. 겉으로 보이는 행동과 실제 의도는 다를 수 있으며, 원하는 목표를 드러내지 않으면서도 뜻밖의 방식으로 접근해 원하는 것을 얻으려 한다. 그렇기 때문에 겉으로 드러난 것만 믿지 말고, 그 이면에 숨겨진 의미를 읽어야 한다. 통찰력 있는 사람은 이러한 속임수를 간파하고 신중하게 대응한다. 처음 보이는 의도는 그대로 받아들이지 말고, 그 뒤에 숨겨진 진짜 목적을 찾기 위해 기다려라. 어떤 사람들은 기만이 들켰을 때 더욱 정교한 거짓을 만들어내며, 오히려 진실을 말하는 듯한 태도로 속임수를 강화하기도 한다. 이럴 때야말로 너의 관찰력이 빛을 발해야 한다. 가장 순수해 보이는 행동조차 속내를 감출 수 있으며, 교활한 자들은 솔직한 태도로 가장 깊은 기만을 숨긴다. 하지만 지혜로운 사람은 그 속에서도 본질을 꿰뚫는다. 결국, 이 싸움은 통찰력과 기만의 대결이며, 지혜로운 자는 단순한 행동 속에서도 숨겨진 의도를 감지할 줄 안다.

좋은 행동은 삶의 장식이며, 행동의 품격은 결국 더 나은 결말을 약속한다

단순히 올바른 말과 행동만으로는 충분하지 않다. 상황을 고려하고 적절한 태도를 갖춰야 한다. 아무리 정당한 주장이라도 태도가 거칠면 오히려 반감을 사게 된다. 정의와 이성도 표현하는 방식이 거칠면 부정적인 결과를 낳을 수 있다. 반면, 세련된 태도는 부족한 부분을 보완하며, 심지어 거절마저도 품위 있게 만들 수 있다. 좋은 태도는 진실을 부드럽게 전달하며, 심지어 나이가 들어도 사람들에게 긍정적인 인상을 남긴다. 모든 일에서 '무엇을' 하는가보다 '어떻게' 하는가가 더 중요하다. 적절한 태도는 타인의 호감을 얻는 열쇠이며, 세련된 행동과 품위는 삶에서 중요한 자산이 된다. 결국, 말과 행동을 올바르게 조절할 줄 알면 어떤 어려운 상황에서도 현명하게 빠져나올 수 있다.

진정한 지혜는 곁에 있는 현자들의 통찰을 받아들이는 데서 시작된다

지혜로운 사람들과 함께하라. 강한 자들이 자신의 무지로 인해 곤경에 빠졌을 때 가장 현명한 해결책은, 지혜로운 사람들을 곁에 두는 것이다. 현명한 이들은 장애물을 대신 헤쳐 나가며, 올바른 길을 제시해준다. 뛰어난 사람과 교류하고 그들의 지혜를 활용하는 것은 탁월한 능력이며, 이는 정복한 왕들을 노예로 삼으려 했던 티그라네스의 거친 방식보다 훨씬 세련된 전략이다. 결국, 지혜로운 사람들을 가까이 두는 것은 인생의 중요한 영역에서 성공을 거두는 새로운 방법이기도 하다.

자연이 탁월하게 만든 이들의 지혜를 능숙하게 활용하라. 우리의 삶은 짧고 배워야 할 것은 많으며, 충분한 지식 없이는 제대로 살아갈 수 없다. 특별한 기술이 없다면 스스로 익히는 것이 어렵지만, 지혜로운 사람들과 교류하면 마치 직접 연구한 듯한 효과를 얻을 수 있다. 이를 통해 어떤 모임에서도 깊이 있는 대화를 나누고 신뢰받는 사람이 될 수 있다. 여러 현자의 조언을 들으며 통찰력을 키우고, 그들의 지혜 덕분에 마치 신탁처럼 명성을 얻을 수도 있다. 특정한 주제를 정하고, 주변 사람들에게 필요한 지식을 배우는 기회를 만들어라. 만약 스스로 모든 것을 익히기 어렵다면, 최소한 지혜로운 이들을 친구로 삼아야 한다.

의도가 없는 지식은 방향을 잃은 칼과 같으며, 목적 없는 행동은 의미 없는 방황일 뿐이다

지혜는 올바른 의도와 함께할 때 비로소 빛을 발한다. 뛰어난 지식이 고결한 목적과 결합하면, 그 결실은 진정한 가치를 지닌 성공이 된다. 하지만 지혜가 악의와 결합하면, 그것은 단순한 조화가 아니라 파괴적인 도구로 변질될 뿐이다. 악한 마음은 완전함을 망가뜨리며, 지식과 결합할 때 더욱 교묘하게 타락을 조장한다. 아무리 탁월한 재능이라도 비열한 의도를 품으면 결국 비참한 결말을 맞이할 수밖에 없다. 판단력 없는 지식은 통제되지 않은 광기와 같으며, 그것이 강할수록 위험도 커진다.

의도를 읽히지 않는 사람은
결코 패배하지 않는다

한 가지 방식에만 의존하지 말고, 상황에 따라 유연하게 변화를 주어라. 다양한 접근법을 활용하면 상대를 혼란스럽게 만들 수 있으며, 그들의 관심과 경계를 동시에 불러일으킬 수 있다. 항상 같은 방법을 사용하면 상대는 쉽게 예측하고 방해할 것이다. 직선으로 날아가는 새는 쉽게 잡히지만, 불규칙하게 움직이는 새는 사냥하기 어렵다. 그러나 매번 예측을 피하려 하면 오히려 또 다른 패턴을 만들게 될 수 있으니, 무조건 변칙적인 방법만 따르는 것도 현명한 전략은 아니다. 같은 방식으로 두 번 행동하면 상대는 너의 의도를 간파할 것이다. 악의는 언제나 약점을 찾아 공격하려 하며, 이를 피하려면 세밀한 계산과 유연한 대응이 필요하다. 진정한 전략가는 상대가 기대하는 수를 두지 않을 뿐만 아니라, 상대가 예상하도록 유도한 움직임조차 철저히 회피한다.

뛰어난 재능을 타고나도 노력하지 않으면 성취는 멀어진다

진정한 탁월함은 실천과 능력이 조화를 이룰 때 완성된다. 이 두 가지가 균형을 이루면 평범함을 뛰어넘어 더욱 위대한 성취를 이룰 수 있다. 아무리 뛰어난 재능이 있어도 노력하지 않으면 그 가치를 발휘할 수 없으며, 반대로 보통 사람이라도 꾸준히 노력하면 능력이 뛰어난 사람보다 더 멀리 나아갈 수 있다. 노력은 가치를 창출하고, 평판을 얻는 가장 확실한 방법이다. 하지만 어떤 사람들은 가장 단순한 일조차 꾸준히 해내지 못하는데, 이는 대부분 타고난 기질 때문이기도 하다. 사소한 일에서 평범한 성과를 내는 것은 충분히 이해할 수 있지만, 아무리 높은 목표를 가진 사람이라도 작은 일조차 제대로 해내지 못한다면 그것은 결코 변명할 수 없는 결점이다. 타고난 재능과 예술적 감각이 중요하지만, 그것을 완성하는 것은 결국 꾸준한 실천이다.

남들의 기대감이 지나치게 높을 때는 시작하지 마라

　기대치를 낮추고 현실을 예상보다 낫게 만들어라. 어떤 일을 시작할 때 사람들의 기대를 과도하게 높이지 않는 것이 중요하다. 기대가 너무 크면 실제 결과가 아무리 좋아도 만족감을 주기 어렵고, 결국 실망을 불러일으키게 된다. 상상력은 현실보다 앞서가며, 욕망과 결합해 과장된 기대를 만들어낸다. 아무리 뛰어난 것이라도 기대를 충족하지 못하면 감탄보다 실망을 안겨주기 쉽다. 희망은 가장 큰 기만자이며, 기대를 조절하는 것은 지혜로운 판단의 일부다. 기대보다 현실이 더 나을 때 사람들은 진정한 만족을 느낀다. 훌륭한 시작이란 과장된 기대를 심어주는 것이 아니라, 적절한 호기심을 자극하는 것이다. 하지만 이 원칙이 모든 상황에서 적용되는 것은 아니다. 부정적인 상황에서는 오히려 반대의 효과가 나타날 수 있다. 최악을 예상했던 일이 실제로는 견딜 만한 수준이라면, 사람들은 오히려 안도하며 현실을 긍정적으로 받아들이게 된다.

탁월한 사람들은 시대를 기다리고, 지혜는 시대를 초월한다

시대와 조화를 이루는 사람이 진정한 성공을 거둔다. 위대한 인물들은 시대적 흐름과 깊이 연결되어 있지만, 모든 뛰어난 사람이 자신에게 걸맞은 시대를 만난 것은 아니다. 적절한 기회를 얻었음에도 이를 제대로 활용하지 못한 경우도 많다. 어떤 이는 더 나은 시대에서 빛날 자질을 지녔으나, 모든 선이 반드시 승리하는 것은 아니다. 시대에 따라 가치가 달라지고, 특정한 능력이나 재능도 유행처럼 사라지거나 다시 주목받는다. 하지만 지혜만큼은 다르다. 지혜는 시대를 초월하며, 당장은 인정받지 못하더라도 언젠가 반드시 필요한 존재가 된다.

제1장 지혜로운 삶의 기본 원칙 | 37

제2장 운명을 다스리는 방법

행운은 용기 있는 자에게 미소 짓고, 도전하는 자에게 자신의 손을 내민다

성공은 우연이 아니라 원칙에서 나온다. 지혜로운 사람들은 인생이 단순한 행운에 의해 결정된다고 믿지 않는다. 운이 영향을 미칠 수는 있지만, 그것이 빛을 발하는 순간은 철저한 계획과 꾸준한 노력이 뒷받침될 때다. 어떤 사람들은 행운이 저절로 찾아오기를 기다리지만, 진정으로 현명한 사람들은 과감한 결단과 신중한 준비로 스스로 기회를 만든다. 용기와 덕망이 함께할 때, 대담함은 기회를 놓치지 않고 최대한 활용하도록 돕는다. 하지만 진정한 지혜로운 이는 오직 한 가지 원칙을 따른다. 바로 신중함과 올바른 행동이다. 결국, 진정한 행운과 불운은 신중한 선택 속에서 결정되며, 무모한 행동 속에서는 오직 불행만이 자라날 뿐이다.

때로는 재치 있는 한마디가 진지한 가르침보다 더 큰 깨달음을 준다

지혜롭고 세련된 지식을 갖추어라. 신중한 사람들은 단순한 소문에 휩쓸리지 않으며, 시대의 흐름을 현실적으로 파악하고 이를 유용하게 활용한다. 그들의 지식은 깊이 있고 품격 있으며, 말에는 재치가 있고 행동에는 기품이 묻어난다. 하지만 중요한 것은 단순히 아는 것이 아니라, 적절한 순간에 이를 효과적으로 활용하는 능력이다. 때로는 무거운 조언보다 가벼운 농담 한마디가 더 큰 깨달음을 줄 수 있다. 실생활에서 경험을 통해 전해지는 지혜는 책에서 얻은 학문적 교양보다 더욱 강한 힘을 발휘한다. 결국, 진정한 지식이란 많이 아는 것이 아니라, 그것을 언제, 어떻게 써야 하는지를 아는 데 있다.

결점을 인정하고 전략적으로 다루는 것이 완벽함으로 가는 길이다

사소한 결점도 그냥 두지 마라. 완벽한 삶을 사는 사람은 드물지만, 고칠 수 있는 결점을 방치하는 것은 더 큰 실수다. 많은 이들은 같은 실수를 반복하며, 그것이 결국 자신의 가치를 떨어뜨린다는 사실을 깨닫지 못한다. 신중한 사람들은 뛰어난 재능이 작은 흠 하나로 인해 평가절하되는 것을 안타깝게 여긴다. 마치 작은 구름이 태양빛을 가리는 것처럼, 하찮아 보이는 결점도 사람의 장점을 흐리게 만든다. 게다가 악의적인 사람들은 이러한 작은 결점을 집요하게 찾아내어 확대하고 흠집을 내려 한다. 그렇기에 가장 지혜로운 방법은 단점을 보완하는 것이 아니라, 그것을 강점으로 바꾸는 것이다. 카이사르가 자신의 대머리를 월계관으로 감추었듯이, 너도 결점을 숨기려 하기보다 오히려 그것을 활용해 더욱 돋보이게 만들어라.

제2장 운명을 다스리는 방법 | 41

상상력을 통제하면 삶은
꿈보다 위대해진다

상상력을 제대로 다스려라. 때로는 억제해야 하고, 때로는 키워야 한다. 우리의 행복과 불행은 결국 상상력에서 비롯되며, 이를 이성으로 조절하는 것이 중요하다. 상상력은 때때로 현실을 압도하며, 단순한 생각을 넘어 우리의 감정을 지배하기도 한다. 어떤 사람들은 상상력 때문에 현실보다 더 큰 슬픔을 겪기도 하는데, 이는 그것이 어리석은 자들의 하수인이 될 때다. 반면, 어떤 이들에게는 무한한 가능성과 기쁨을 약속하지만, 그 즐거움이 진정한 행복으로 이어지려면 신중한 통제와 현실 감각이 필요하다. 상상력이 이성의 균형을 잃으면 현실을 왜곡하고, 기대와 실망을 끝없이 반복하는 소용돌이에 빠지게 된다. 결국, 상상력을 올바르게 활용하는 사람만이 그것을 삶의 원동력으로 삼을 수 있다.

가장 중요한 진실은
항상 완전히 드러나지 않는다

상황을 읽고 눈치를 익혀라. 과거에는 이성적으로 사고하는 것이 가장 중요한 능력으로 여겨졌지만, 이제는 그것만으로는 충분하지 않다. 특히 속기 쉬운 상황에서는 날카로운 직감이 필수적이다. 단순한 논리보다 중요한 것은 상대의 의도를 파악하고 미묘한 암시를 읽어내는 능력이다. 어떤 사람들은 마치 예언자처럼 남들의 숨겨진 속마음을 꿰뚫어 보고, 겉으로 드러나지 않은 진실을 직관적으로 이해한다. 우리가 마주하는 중요한 진실들은 항상 일부만 드러나며, 신중한 사람만이 이를 온전히 파악할 수 있다. 유리해 보이는 상황일수록 성급하게 믿지 말고 경계해야 하며, 불리해 보이는 상황일수록 더욱 신중하게 판단해야 한다. 눈치가 빠른 사람은 표면적인 말과 행동만이 아니라 그 이면까지 읽어내며, 보이지 않는 위험을 피하고 중요한 기회를 놓치지 않는다.

다른 사람의 의지를 움직이려면, 먼저 상대의 약점을 정확히 파악해야 한다

사람을 움직이려면 그들의 약점을 파악하라. 누구나 약점을 가지고 있으며, 이를 잘 활용하면 상대의 마음을 원하는 방향으로 이끌 수 있다. 단순한 말이나 논리적 설득만으로는 부족하다. 사람들은 저마다 중요하게 여기는 것이 다르다. 어떤 이는 칭찬을 원하고, 어떤 이는 돈을 추구하며, 많은 사람들은 편안함과 즐거움을 좇는다. 상대가 가장 중요하게 생각하는 것이 무엇인지 파악하는 것이 핵심이다. 이는 마치 자물쇠에 꼭 맞는 열쇠를 찾는 것과 같다. 사람을 설득하려면 그들이 가장 원하는 것을 미끼로 삼아야 한다. 꼭 고상한 이유일 필요는 없다. 오히려 사소한 욕망이 더 큰 영향을 미치는 경우가 많다. 절제력이 강한 사람보다 감정과 욕망에 쉽게 휘둘리는 사람이 더 많기 때문이다. 상대의 성향을 먼저 살펴보고, 그가 가장 원하고 반응할 만한 것을 활용하라. 그렇게 하면 자연스럽게 네가 원하는 방향으로 그를 이끌 수 있다.

가장 훌륭한 것들은 늘 드물고 특별하며, 수가 많아질수록 가치가 떨어진다

많은 것을 아는 것보다 깊이 이해하는 것이 더 중요하다. 진정한 완벽함은 양이 아니라 질에서 나온다. 정말로 뛰어난 것들은 항상 희귀하고 정제된 것이었으며, 지나치게 많아지면 오히려 그 가치를 잃게 된다. 사람들조차도 '거인'이라 불리는 이들이 실상은 속이 빈 난쟁이인 경우가 많다. 어떤 사람들은 책을 평가할 때 두께를 기준으로 삼지만, 이는 마치 책이 지성을 연마하는 것이 아니라 단순히 무게를 자랑하기 위한 도구처럼 여기는 것과 같다. 넓게 아는 것보다 깊이 이해하는 것이 더 가치 있으며, 모든 것에 손을 대려는 '만능형' 사람들은 결국 어느 한 분야에서도 두각을 나타내지 못한다. 깊이 있는 집중이야말로 진정한 실력을 만들어내며, 특히 중요한 분야에서는 명성을 가져다준다.

대중의 박수에 만족하지 마라

어떤 일이든 품격을 갖추어 행동하라. 특히 취향을 결정할 때는 더욱 신중해야 한다. 많은 사람들의 환심을 사려 하지 않은한 지혜로운 인물을 떠올려 보라. 신중한 사람은 대중의 박수갈채에 휘둘리지 않는다. 어떤 이들은 인기라는 허울에 취해 마치카멜레온처럼 군중의 거친 환호에 맞춰 행동하면서도, 정작 진정한 가치를 지닌 것에는 관심을 두지 않는다. 또한, 이해력도 깊어야 한다. 대중이 열광하는 기적 같은 현상에 쉽게 현혹되지말라. 대부분은 결국 속임수에 불과하다. 군중은 흔히 보이는 어리석음을 숭배하지만, 진정한 지혜의 충고에는 귀를 기울이지않는다.

올곧음은 진리를 끝까지 지키는 용기다

흔들리지 않고 올바르게 행동하라. 언제나 이성을 따르며, 대중의 감정이나 권력의 압력에 쉽게 흔들리지 않도록 하라. 하지만 과연 끝까지 공정함을 지키는 사람이 얼마나 될까? 정의를 말하는 이는 많지만, 실제로 실천하는 사람은 드물다. 어떤 이는 정의를 좇다가도 위험이 닥치면 등을 돌리고, 또 어떤 이는 정치적 계산을 앞세워 정의를 말뿐인 구실로 삼는다. 참된 정의는 우정이나 권력, 심지어 자신의 이익마저 초월할 수 있어야 하지만, 정작 그런 순간이 오면 사람들은 정의를 외면하기 쉽다. 영리한 자들은 "더 큰 목적"이나 "안전상의 이유"를 핑계 삼아 기만을 정당화하지만, 진정으로 신의를 지키는 사람은 술책보다 신념을 중시하며, 언제나 진실의 편에 선다. 그리고 그가 다른 이들과 의견이 다를 때, 그것은 변덕 때문이 아니라 그들이 먼저 진실에서 멀어졌기 때문이다.

평판을 지키려면 어리석은 행동을 피하라

경솔한 일에 휘말리지 말고, 터무니없는 일에는 더욱 조심하라. 그런 일들은 명예를 높이기보다는 오히려 조롱을 불러오기 쉽다. 변덕이 심한 사람들은 종종 기이한 집단을 형성하며, 지혜로운 사람이라면 그들과 거리를 두는 것이 현명하다. 어떤 이는 남들이 외면하는 것을 오히려 열정적으로 받아들이고, 독특한 취향을 과시한다. 물론 그런 행동으로 이름을 알릴 수는 있지만, 존경받기보다는 비웃음을 사기 쉽다. 심지어 학문과 지혜를 추구하는 과정에서도 신중한 사람이라면 지나친 과시나 대중의 관심을 경계해야 한다. 특히 스스로를 우스꽝스럽게 만드는 일은 피하는 것이 좋다. 어리석은 행동에 대해 굳이 지적할 필요도 없다. 이미 세상이 조롱으로 그에 대한 평가를 내렸기 때문이다.

행운은 언제나 준비된 자를 선택하고, 불운은 무방비한 자를 집어삼킨다

행운을 지닌 사람과 함께하고, 불운한 사람과는 거리를 두어라. 불운은 대개 어리석음에서 비롯되며, 실패는 주변으로 전염되기 쉽다. 작은 불행이라도 가볍게 여기지 마라. 그 문을 열어주면 더 크고 무서운 불행이 따라올 것이다. 중요한 것은 무엇을 선택할지뿐만 아니라, 무엇을 포기할지를 아는 것이다. 패를 고를 때, 이미 버린 패 중 가장 좋은 것보다 지금 손에 쥔 패 중 가장 보잘것없는 것이 더 중요할 수도 있다. 만약 선택이 어렵다면, 지혜롭고 신중한 사람들과 가까이하라. 결국, 그들은 언젠가 반드시 행운을 거머쥘 것이기 때문이다.

인간의 마음은 선의 앞에서 열리고,
가장 강력한 권력은 호의에서 시작된다

사람들에게 기쁨을 주는 존재가 되어라. 특히 타인을 다스리는 위치에 있다면 더욱 중요하다. 지도자가 사람들의 호감을 얻는 데 가장 효과적인 방법은 베푸는 것이다. 권력을 가진 자는 누구보다도 많은 선행을 실천할 수 있는 특권을 지닌다. 진정한 친구는 단순히 좋은 말을 하는 사람이 아니라, 우정을 행동으로 보여주는 사람이다. 그러나 어떤 이들은 남을 기쁘게 하는 것을 거부한다. 그것이 어려워서가 아니라, 단순히 심술궂기 때문이다. 이들은 세상의 조화와 나눔을 거스르는 자들이며, 결국 자신도 외면받게 된다.

자신을 분리할 줄 아는
지혜를 익혀라

사소한 일에 시간을 낭비하는 것은 오히려 아무것도 하지 않는 것보다 더 해로울 수 있다. 신중함이란 단순히 남의 일에 개입하지 않는 것이 아니라, 오히려 타인이 네 삶을 함부로 침범하지 못하도록 하는 것이다. 남에게 지나치게 얽매여 스스로를 잃지 말고, 친구들에게도 필요 이상의 부담을 주지 마라. 그들이 기꺼이 베푸는 것 이상을 요구해서는 안 된다. 모든 과도함은 결국 해가 되며, 인간관계에서도 마찬가지다. 절제와 신중함을 지키면 타인의 호감을 얻고 존경을 받을 수 있다. 또한 품위를 유지하면서도 자유롭게 최고의 것을 추구할 수 있으며, 자신의 뛰어난 안목을 스스로 부정하는 실수를 하지 않을 것이다.

탁월한 자질은 키우고,
부족한 점은 보완해야 한다

네가 가진 최고의 능력을 알아야 한다. 그것을 더욱 발전시키면서도, 다른 능력들도 함께 길러야 한다. 모든 사람이 자신의 가장 뛰어난 재능을 일찍 깨달았다면, 각자의 분야에서 더욱 뛰어난 성과를 이루었을 것이다. 중요한 것은 자신이 가장 강한 부분을 발견하고, 그것을 극대화하는 것이다. 어떤 사람은 뛰어난 판단력을 가지고 있고, 어떤 사람은 용기로 두각을 나타낸다. 하지만 많은 사람들은 자신의 지능이나 역량을 무리하게 끌어올리려 하다가, 결국 어느 것에서도 우위를 점하지 못한 채 좌절한다. 그들은 자신을 과대평가한 채 열정만으로 밀어붙이지만, 시간이 지나면서 스스로 착각했음을 깨닫게 된다. 그러므로 자신의 진정한 강점을 정확히 알고 그것을 극대화하는 것이야말로 성공으로 가는 길이다.

신중하게 생각하라,
깊이 생각할수록 멀리 볼 수 있다

　모든 일을 깊이 생각하고, 중요한 문제일수록 더욱 신중하게 고민해야 한다. 어리석은 사람들은 충분히 생각하지 않아 실수를 저지르며, 사물의 본질을 제대로 이해하지 못한 채 무관심하게 행동한다. 반면, 어떤 사람들은 정작 중요한 문제에는 소홀하면서도 사소한 것에 지나치게 집착한다. 판단력을 잃지 않는 사람이 있지만, 그것은 애초에 제대로 된 판단력이 없었기 때문일 수도 있다. 중요한 결정은 반드시 신중하게 숙고하고, 그 의미를 깊이 새겨야 한다. 지혜로운 사람들은 사소한 것조차 가볍게 넘기지 않으며, 특히 복잡하거나 불확실한 문제에 대해 철저히 분석한다. 그들은 자신이 알고 있는 것보다 더 많은 것이 존재할 수 있음을 항상 염두에 두고, 단순한 이해를 넘어 깊은 성찰을 실천한다. 신중하게 사고하면 실수를 줄일 수 있으며, 더 나은 결정을 내리는 데 도움이 된다.

운을 가늠하고 기회를
놓치지 마라

　운의 흐름을 읽고 적절히 대응하라. 이는 올바른 행동과 결단을 내리는 데 필수적인 요소다. 자신의 성격이나 신체적 특성을 이해하는 것보다, 운의 흐름을 파악하는 것이 더 중요할 때가 많다. 마흔이 넘어서야 건강을 위해 히포크라테스를 찾는 것은 늦었고, 지혜를 구하기 위해 세네카를 찾는 것도 마찬가지다. 운을 다스리는 것은 뛰어난 능력이며, 때로는 인내하며 기다려야 하고, 때로는 운이 찾아올 때 즉시 기회를 잡아야 한다. 하지만 운이 어떻게 변할지는 예측하기 어렵다. 운이 너를 돕는 순간에는 과감하게 행동하라. 운명은 종종 대담한 자를 돕고, 마치 눈부신 여인처럼 젊음과 용기를 선호한다. 반면, 운이 좋지 않을 때는 성급히 움직이지 마라. 물러나서 신중하게 기다리는 것이 두 번의 실패를 피하는 길이다. 운을 제대로 다스릴 수 있다면, 이미 한 걸음 앞서 나아간 것이다.

암시를 읽고 활용하는
지혜를 익혀라

암시를 읽고 적절히 활용하는 법을 익혀라. 이는 인간관계에서 가장 미묘하면서도 강력한 기술이다. 암시는 상대의 생각을 탐색하는 도구가 될 수도 있고, 지혜를 시험하는 방식이 될 수도 있다. 어떤 암시는 무심한 듯하지만 그 속에 악의를 품고 있으며, 질투라는 독을 스며들게 한다. 이는 눈에 보이지 않는 번개처럼 한순간에 명성과 존경을 무너뜨릴 수도 있다. 단 한마디의 암시적인 말이 한 사람을 몰락시키는 경우도 있다. 권력을 쥔 자들을 무너뜨린 것은 공공연한 비난이나 노골적인 음모가 아니라, 교묘한 암시와 은밀한 악의였다. 반면, 긍정적인 암시는 반대의 효과를 내며 명성을 더욱 단단하게 만든다. 하지만 이런 암시가 너를 겨냥했을 때는 이를 정확히 읽고 현명하게 대응할 줄 알아야 한다. 신중하게 받아들이고 철저히 대비하라. 좋은 방어는 깊은 이해에서 나오며, 예상된 공격은 충분히 막아낼 수 있다.

이길 때 물러설 줄 아는 자가
진정한 승자다

적절한 순간에 물러날 줄 알아야 한다. 최고의 승부사들은 이 원칙을 철저히 따른다. 멋진 후퇴는 훌륭한 공격만큼이나 중요하다. 어떤 일이 충분한 성과를 거두었다면, 더 큰 성공이 가능해 보이더라도 욕심내지 말고 적절한 순간에 멈출 줄 알아야 한다. 행운이 계속되면 오히려 불안한 신호일 수 있다. 운은 오르내리는 흐름을 가지는 것이 더 안전하며, 그렇게 해야 예상치 못한 추락을 피할 수 있다. 한순간의 행운에 취해 지나치게 무리하면 모든 것을 잃을 위험이 커진다. 때로는 행운이 짧고 강하게 주어지기도 하고, 반대로 약하지만 오래 지속되기도 한다. 운은 한 사람에게만 머무르는 것을 부담스러워하며, 언젠가는 균형을 맞추려 한다. 그렇기에 흐름을 읽고 가장 적절한 순간에 결정을 내리는 것이 무엇보다 중요하다.

가장 아름다운 것은 정점에
도달한 순간을 아는 것이다

완벽한 순간을 알아차리고 적절히 활용할 줄 알아야 한다. 자연의 모든 것은 성장하다가 어느 순간 절정에 이르고, 그 이후에는 서서히 쇠퇴하기 마련이다. 예술 작품도 마찬가지다. 어떤 작품은 더 이상 개선할 수 없는 완벽한 경지에 도달하며, 그 순간이야말로 가장 큰 가치를 지닌다. 세련된 감각을 지닌 사람은 이러한 완성의 순간을 놓치지 않고 제대로 누릴 줄 안다. 하지만 누구나 그렇게 할 수 있는 것은 아니며, 그 시점을 정확히 인식하는 사람은 더욱 드물다. 지적인 성취 또한 완숙의 단계에 도달하지만, 그것이 언제인지 깨닫고 제대로 활용해야만 진정한 의미를 갖는다. 모든 것은 최고의 순간을 지나면 점차 빛을 잃게 되므로, 중요한 것은 그 절정의 순간을 포착하고 현명하게 활용하는 것이다.

호감을 얻고 싶다면,
먼저 호의를 베풀어라

타인과의 관계에서는 품위를 잃지 말고 우아함을 지켜라. 많은 사람에게 존경받는 것은 대단한 일이지만, 진정한 호의를 얻는 것은 더욱 값진 성취다. 물론 일부는 타고난 운에 의해 결정되지만, 무엇보다 중요한 것은 꾸준한 노력이다. 운이 기회를 열어준다면, 지속적인 노력만이 그것을 완성할 수 있다. 단순히 뛰어난 재능을 가졌다고 해서 사람들의 사랑을 받을 수 있는 것은 아니다. 흔히 명성이 있으면 자연스럽게 호감을 얻을 거라 착각하지만, 실상은 다르다. 진정한 호의는 선행에서 비롯되며, 말로는 작은 친절을 베풀고 행동으로는 더 큰 선을 실천해야 한다. 사랑받고 싶다면 먼저 사랑하라. 예의는 위대한 이들이 타인의 마음을 얻는 방법이며, 그것은 단순한 말이 아니라 행동으로 보여주는 것이다. 검에서 펜으로, 그리고 문장 속에서도 우아함이 깃들어야 하며, 그러한 품위는 영원히 남는다.

제3장 사람들과의 교류에서 얻는 지혜

과장은 신뢰를 잃는
가장 빠른 길이다

언제나 절제된 표현을 사용하라. 지나치게 과장하면 신뢰를 잃고, 너의 판단력마저 의심받게 된다. 과도한 칭찬은 그 의미를 퇴색시킬 뿐만 아니라, 오히려 너의 안목과 지식을 부족하게 보이게 만든다. 칭찬은 호기심을 자극하고, 호기심은 욕망으로 이어지지만, 기대에 미치지 못하면 실망이 따른다. 사람들은 기대를 배신당했다고 느끼면, 칭찬받은 대상뿐만 아니라 칭찬한 사람까지 깎아내리기 마련이다. 신중한 사람은 평가를 신중히 내리며, 차라리 말을 아껴도 과장된 찬사는 하지 않는다. 진정한 위대함은 드물기에, 감탄도 조절해야 한다. 지나친 찬사는 일종의 기만이며, 이는 너의 세련된 안목뿐만 아니라 지혜로운 판단력까지 의심받게 만든다.

타고난 통치력은 말이 아니라
존재에서 나온다

　어떤 사람들은 타고난 지도자의 기질을 지닌다. 이는 단순한 기술이 아니라, 사람들을 자연스럽게 이끄는 강한 존재감과 권위에서 비롯된다. 사람들은 이유도 모른 채 그들에게 복종하며, 그들의 강인함과 리더십을 본능적으로 인식한다. 이들은 마치 사자처럼 위엄을 지니고 있으며, 실력으로 왕이 되고, 타고난 권위로 사람들의 존경을 얻는다. 그들의 말 한마디, 몸짓 하나만으로도 긴 연설보다 더 큰 영향을 미칠 수 있다. 만약 이들에게 지혜와 전략까지 더해진다면, 그들은 세상을 움직이는 강력한 지도자가 될 것이다.

소수와 함께 생각하고,
다수와 함께 말하라

생각은 소수와 함께하되, 말은 다수와 함께하라. 무리하게 대세를 거스르면 진실을 찾기도 어려워지고, 불필요한 위험을 초래할 수도 있다. 소크라테스처럼 예외적인 용기를 지닌 사람이 아니라면 쉽지 않은 일이다. 반대 의견을 내는 것은 상대방의 생각을 정면으로 부정하는 것과 같으며, 이는 종종 모욕으로 받아들여진다. 사람들은 자신의 판단이 비판받는 것뿐만 아니라, 그 비판을 지지하는 사람이 많을수록 더욱 불쾌함을 느낀다. 진실은 언제나 소수에게만 속하며, 기만은 흔하고 피상적이다. 신중한 사람들은 대중 앞에서 자신의 속내를 쉽게 드러내지 않는다. 겉으로는 일반적인 의견에 동조하는 듯 보이지만, 내면에서는 그것을 경멸하고 있을 수도 있다. 현명한 사람은 자신이 반박당하는 상황을 피할 뿐만 아니라, 다른 이를 공개적으로 반박하는 일도 신중하게 삼간다. 그는 필요할 때 비판할 줄 알지만, 그것을 노골적으로 드러내지는 않는다. 감정과 신념은 강요할 수도, 강요받아서도 안 된다. 그것들은 조용히 은둔하며, 오직 신중한 소수에게만 진정한 모습을 드러낸다.

탁월함은 위대한 사람들과의
교감을 통해 더욱 빛난다

위대한 사람들과 조화를 이루는 능력은 뛰어난 인물이 갖추어야 할 가장 중요한 자질 중 하나이다. 이를 공감이라 하며, 이는 타고난 신비로운 축복이자 강력한 힘이다. 세상에는 비슷한 기질과 신념을 가진 사람들이 존재하며, 그들이 서로에게 미치는 영향은 때때로 마법처럼 보이기도 한다. 공감은 단순히 명성을 얻는 것을 넘어, 타인의 호감을 사고 신뢰를 빠르게 쌓을 수 있도록 돕는다. 때로는 말 한마디 없이도 사람을 설득하며, 특별한 공적 없이도 놀라운 성취를 이끌어낼 수 있다. 공감에는 능동적인 공감과 수동적인 공감이 있으며, 특히 높은 지위에 있는 사람들 사이에서 강한 영향을 미친다. 이 능력을 올바르게 이해하고 활용하는 것은 큰 지혜이자 강력한 힘이다. 아무리 노력하더라도, 이 신비로운 호의만큼 강력한 영향력을 대신할 수는 없다.

계략을 사용할 때는
절대 드러나지 않도록 해야 한다

계략을 활용하되, 남용하지 말고 드러내지 마라. 모든 계략은 감춰져야 하며, 특히 숨겨진 의도는 사람들에게 의심과 반감을 불러일으킬 수 있다. 세상에는 기만이 흔하기 때문에 항상 경계해야 하지만, 그 경계심을 겉으로 드러내지 않는 것이 더 중요하다. 이를 노골적으로 표현하면 상대를 불쾌하게 만들고 불필요한 반감을 사며, 예상치 못한 보복이나 위험을 초래할 수도 있다. 신뢰를 유지하려면 조심스러운 태도를 자연스럽게 감추고, 상대가 이를 의식하지 못하도록 해야 한다. 신중하게 행동하면 예상치 못한 이점을 얻을 수 있으며, 이는 상대에게 많은 생각을 하게 만든다. 결국, 행동의 완성도는 그것이 얼마나 능숙하게 실행되었느냐에 달려 있다.

타인의 탁월함을 존경하라,
그것이 성장의 시작이다

　감정을 절제하라. 우리는 때때로 본능적으로 어떤 사람에게 거부감을 느끼며, 그들의 장점을 알기도 전에 싫어하는 경우가 있다. 이러한 감정은 위대한 인물들에게까지 향할 수 있지만, 신중한 사람이라면 이를 자제할 줄 알아야 한다. 이유 없이 훌륭한 사람을 미워하는 것보다 어리석고 부끄러운 일은 없다. 위대한 인물들과 잘 지내는 것은 명예로운 일이지만, 그들을 멀리하거나 적대하는 것은 오히려 스스로를 낮추는 행동이다. 감정은 순간적이지만, 현명한 태도는 오래도록 남는다.

047 위험 앞에서 현명하게 물러설 줄 아는 자만이 진정한 승리를 거머쥔다

신중함을 잃고 위험에 함부로 뛰어들지 마라. 뛰어난 재능을 가진 사람들은 극단적인 상황을 피하며, 현명한 사람들은 언제나 중도를 지킨다. 극단에서 극단으로 가는 길은 멀고 험하며, 신중한 사람들은 충분히 숙고한 뒤 행동을 결정한다. 위험을 피하는 것이 극복하는 것보다 더 쉬운 법이다. 위험한 상황은 판단력을 흐리게 만들며, 완전히 벗어나는 것이 가장 안전한 길이다. 하나의 위험은 더 큰 위험을 불러와 결국 돌이킬 수 없는 파멸로 이어질 수 있다. 어떤 사람들은 기질이나 환경 탓에 경솔하게 행동하여 자신뿐만 아니라 주변까지 위험에 빠뜨린다. 그러나 이성을 따르는 사람은 신중하게 상황을 살피며, 위험을 피하는 것이 그것을 정면으로 맞서는 것보다 더 큰 용기일 수 있음을 깨닫는다. 이미 앞서 무모한 사람이 있다면, 또 다른 무모한 사람이 될 필요는 없다.

내면의 깊이가 진정한 가치를 결정한다

사람의 진정한 가치는 그의 깊이에서 드러난다. 다이아몬드가 깊이 있을수록 더 빛을 반사하듯, 내면이 겉모습보다 훨씬 중요하다. 어떤 사람들은 단순히 외면만 가꾸며, 마치 예산이 바닥나 공사가 중단된 건물과 같다. 입구는 궁전처럼 화려하지만, 내부는 초라한 오두막에 불과하다. 그들은 깊이 있는 생각이나 진정한 가치를 지니지 못한 채, 겉치레로만 자신을 포장한다. 처음에는 정중한 인사와 예의로 치장하지만, 대화가 조금만 길어지면 할 말이 바닥난다. 마치 시칠리아의 준마처럼 화려하게 등장하지만, 곧 수도승처럼 침묵에 빠지는 것이다. 재치와 지혜는 마르지 않는 샘처럼 계속해서 흘러야 하지만, 이들은 금세 말문이 막힌다. 피상적인 시선에는 쉽게 속일 수 있을지 몰라도, 날카로운 통찰력을 가진 사람 앞에서는 속내가 비어 있음을 금방 들키고 만다.

통찰력과 판단력은
세상을 지배하는 힘이다

사물의 본질을 꿰뚫어 보는 사람은 날카로운 통찰력과 건전한 판단력을 갖추고 있으며, 결코 사물에 휘둘리지 않는다. 그는 사물의 속성을 정확히 이해하며, 타인의 재능을 마치 해부하듯 분석한다. 누군가를 만나면 단번에 그 본질을 파악하며, 겉모습에 쉽게 속지 않는다. 뛰어난 관찰력을 지닌 그는 가장 은밀한 것조차 읽어내며, 표면적인 말이나 행동에 숨겨진 의도를 정확히 간파한다. 그는 냉철하게 바라보고, 섬세하게 사고하며, 신중하게 판단한다. 그의 눈을 피할 수 있는 것은 아무것도 없다. 놓치는 것도, 간과하는 것도, 파악하지 못하는 것도 없다.

자신을 존중하는 것이
진정한 올바름이다

자신의 품격을 지키고, 가벼이 행동하지 마라. 너의 고결함이 너를 올바르게 인도해야 하며, 외부의 규율보다도 스스로의 엄격한 기준을 더 중요하게 여겨야 한다. 타인의 비판을 두려워해서가 아니라, 자기 자신에 대한 존중과 신중함 때문에 부적절한 것을 피해야 한다. 스스로를 두려워할 줄 안다면, 세네카가 말한 가상의 증인을 필요로 하지 않을 것이다. 진정한 도덕적 자제는 남들의 시선을 의식해서가 아니라, 자신의 품위를 지키려는 내면의 원칙에서 비롯된다.

삶의 성공은 올바른
선택에서 시작된다

올바른 선택이 인생을 결정한다. 단순한 지능이나 노력만으로는 부족하며, 정확한 판단과 세련된 안목이 필수적이다. 아무리 뛰어난 능력을 갖추었더라도, 무엇을 선택하느냐에 따라 결과는 완전히 달라진다. 여기에는 두 가지 핵심이 있다. 선택할 줄 아는 능력과 최선의 것을 고를 줄 아는 능력이다. 어떤 사람들은 풍부한 지식과 예리한 판단력을 지니고 있으며, 성실하고 박식하지만 정작 중요한 순간에는 길을 잃는다. 마치 스스로 최악의 길을 택하려는 듯 보이기도 한다. 결국, 현명한 선택을 할 줄 아는 능력은 하늘이 내리는 가장 큰 축복 중 하나다.

침착함과 안정감은 주변 사람들에게
신뢰와 존경을 불러일으킨다

어떤 상황에서도 침착함을 유지하라. 신중한 사람은 감정을 다스릴 줄 알며, 쉽게 동요하지 않는다. 이는 진정한 강자가 가진 덕목이며, 관대한 사람일수록 감정에 휘둘리지 않는다. 감정은 물과 같아 넘치면 판단력을 흐리게 하고, 그 영향이 말까지 미치면 평판까지 위태롭게 만든다. 스스로를 철저히 다스리면, 기쁠 때나 힘들 때나 한결같은 태도를 유지할 수 있으며, 누구에게도 약점을 보이지 않을 것이다. 오히려 사람들은 너의 흔들리지 않는 태도와 품격을 존경하게 될 것이다.

근면과 지혜의 조화가
성공을 만든다

지혜로운 판단과 부지런한 실행을 함께 갖춰라. 지혜는 신중한 결정을 내리고, 부지런함은 그 결정을 빠르게 실천으로 옮긴다. 어리석은 사람들은 성급하게 행동하여 장애물을 고려하지 않지만, 반대로 지나치게 신중한 사람들은 망설이다가 기회를 놓친다. 어떤 이는 무작정 앞으로 나아가 멈출 줄 모르고, 또 어떤 이는 고민만 하다가 한 걸음도 내딛지 못한다. 올바른 판단을 했더라도 실행이 늦어지거나 태만하면 결국 실패로 이어진다. 기회는 준비된 자에게 찾아오며, 내일로 미루지 않는 것이 성공의 핵심이다. 신중하면서도 신속하게 행동하는 것이야말로 가장 현명한 태도다.

대담함은 위대한 시작을 가능하게 하고, 신중함은 그 끝을 완성시킨다

신중함을 잃지 않으면서도 대담하게 행동하라. 죽은 사자의 수염을 당기는 일은 토끼도 할 수 있지만, 진정한 용기는 신중함과 함께할 때 더욱 빛을 발한다. 용기는 사랑과 마찬가지로 가벼이 여겨서는 안 된다. 한 번 양보하면 계속해서 물러나야 하며, 결국 같은 어려움을 반복해서 맞닥뜨리게 된다. 차라리 처음부터 단호하게 해결하는 것이 더 낫다. 정신은 육체보다 더 강해야하며, 칼이 칼집에 숨겨져 있다가 필요할 때 단호하게 꺼내지는 것처럼, 용기도 신중함 속에서 준비되어 있어야 한다. 이것이야말로 진정한 방어다. 약한 정신은 약한 육체보다 더 큰 해를 끼치며, 많은 뛰어난 사람이 기개가 부족해 결국 보잘것없는 결말을 맞이했다. 자연이 꿀의 달콤함과 벌의 침을 함께 주었듯, 인간의 육체도 신경과 뼈로 이루어져 있다. 그러니 너의 정신 또한 부드러움만이 아니라 단단함을 함께 지녀야 한다.

기다릴 줄 아는 사람에게
행운이 찾아온다

인내할 줄 알아야 한다. 이는 깊은 인내심을 지닌 위대한 마음을 보여준다. 서두르지 말고 감정에 휩쓸리지 마라. 자신을 다스릴 줄 아는 자만이 타인도 다스릴 수 있다. 시간의 흐름 속에서 기회를 포착하며 중심으로 나아가라. 지혜로운 머뭇거림은 성공을 무르익게 하고, 중요한 것들을 성숙하게 만든다. 시간의 힘은 헤라클레스의 강철 몽둥이보다 강하다. 신조차도 즉각적인 철퇴를 내리지 않고, 무거운 발걸음으로 천천히 벌을 내린다. "시간과 나는 누구와도 맞설 수 있다."라는 훌륭한 격언이 있다. 운명은 인내할 줄 아는 자에게 더 큰 보상을 안겨준다.

진정한 민첩함은 단순한 즉흥성을 넘어선다

빠르게 판단하는 능력을 길러라. 신속한 사고는 좋은 결정을 이끌며, 위기 속에서도 당황하지 않는 사람은 더욱 빛을 발한다. 그는 예기치 않은 상황에서도 활력과 용기를 발휘하며, 오히려 역경을 기회로 바꾼다. 반면, 어떤 사람들은 지나치게 고민하다 일을 그르치고, 또 어떤 사람들은 별다른 준비 없이도 정확하게 문제를 해결한다. 특히 어려운 상황에서 더욱 능력을 발휘하는 사람이 있다. 그는 위기가 닥칠수록 더욱 강해지며, 즉각적인 결단력으로 성공을 이끈다. 반대로 지나치게 오래 고민하면 오히려 실수가 잦아지고, 해결책을 찾지 못한 채 머뭇거리게 된다. 처음 떠오르지 않은 생각은 시간이 지나도 쉽게 떠오르지 않으며, 아무리 깊이 고민해도 해결되지 않을 때가 많다. 신속한 판단력은 단순한 속도가 아니라, 깊이 있는 사고와 신중한 행동을 함께 보여주는 중요한 능력이다.

가치가 클수록 더 많은 시간과 노력이 요구된다

신중한 사람은 위험을 줄이며, 더욱 안전하게 행동한다. 일을 빨리 끝내는 것보다 제대로 해내는 것이 더 중요하다. 너무 급하게 이루어진 것은 쉽게 무너질 수 있지만, 오래 지속될 성취는 그만큼의 시간이 필요하다. 완벽한 것만이 주목받고, 진정한 성공만이 오래 남는다. 깊이 있는 이해는 영속적인 가치를 만들어낸다. 위대한 성취는 많은 노력과 시간을 요구하며, 금속도 마찬가지다. 가장 귀한 것은 정제하는 데 오랜 시간이 걸리고, 그 무게도 가장 묵직하다.

노련한 매사냥꾼은 매를 훈련할 때 적절한 양의 사냥감을 제공한다

상황과 사람에 맞게 행동하라. 모든 자리에서 같은 수준의 지성을 드러낼 필요는 없으며, 불필요하게 에너지를 소모하지 마라. 지식과 재능은 신중하게 사용할 때 더욱 가치가 있다. 뛰어난 매사냥꾼이 꼭 필요한 매만 활용하듯, 자신의 능력도 적절한 순간에 드러내야 한다. 매일 모든 것을 보여 주면 사람들은 더 이상 감탄하지 않는다. 항상 새로움을 남겨 두어야 한다. 능력을 조금씩 드러내는 사람은 지속적인 기대감을 불러일으키며, 결국 아무도 그의 한계를 알지 못하게 된다.

시작의 박수갈채보다,
끝에서 얻는 진정한 기쁨이 더 중요하다

마무리를 잘해야 한다. 행운 속에서 시작했어도 불운 속에서 끝날 수 있으며, 그 반대도 가능하다. 따라서 시작할 때 받는 찬사보다 마지막까지 성공적으로 마무리하는 것이 더 중요하다. 많은 사람이 좋은 출발을 하지만, 끝이 좋지 못한 경우가 많다. 중요한 것은 처음에 환영받는 것이 아니라, 떠날 때 아쉬움을 남기는 것이다. 여전히 필요로 되는 사람은 극히 드물며, 행운은 종종 우리를 끝까지 배웅해 주지 않는다. 올 때는 따뜻하지만 떠날 때는 차가운 법이다.

선천적인 지혜는 강력한 자산이다

올바른 판단력을 가진 사람들은 마치 태어날 때부터 신중함과 지혜를 갖춘 듯 보인다. 이들에게는 성공의 절반을 결정짓는 분별력이 자연스럽게 따라온다. 시간이 지나고 경험이 쌓일수록 그들의 이성은 더욱 성숙해지며, 판단력은 상황에 맞게 조화를 이루게 된다. 변덕에 쉽게 흔들리지 않는 이들은 특히 국가와 같은 중대한 문제에서 안정이 가장 중요하다고 여긴다. 그들은 나라를 이끄는 키잡이이자, 신뢰받는 조언자로서의 자격을 충분히 갖추고 있다.

제4장 신중함과 결단력

최고의 자리에서 빛나는 탁월함이
진정한 위대함이다

최고의 자리에서 두드러지는 탁월함은 가장 드문 완벽함이다. 위대한 영웅이 되려면 고귀한 특질이 반드시 필요하며, 평범함으로는 결코 찬사를 받을 수 없다. 진정한 탁월함은 평범함을넘어 우리를 특별한 존재로 만든다. 반면, 하찮은 일에서 뛰어난능력을 보인다 해도 그것이 진정한 가치로 이어지는 것은 아니다. 쉬운 길을 택하면 얻는 영광은 줄어들지만, 더 높은 차원의목표에서 비범함을 발휘하면 사람들에게 경외심을 불러일으키고 그들의 존경을 받을 수 있다.

좋은 도구를 사용하는 것이
위대함을 만든다

최고의 도구를 사용하라. 어떤 사람들은 열등한 도구를 사용하면서도 자신이 뛰어난 평가를 받기를 바라지만, 이는 스스로를 속이는 위험한 만족이며 결국 큰 대가를 치르게 된다. 훌륭한 장관을 둔다고 해서 군주의 위대함이 빛바래는 것이 아니라, 오히려 모든 성공이 군주에게 돌아가며, 실패의 책임도 마찬가지다. 사람들은 "그는 좋은 또는 나쁜 장관을 두었다"고 말하는 것이 아니라, "그는 훌륭한 또는 무능한 통치자였다"고 평가한다. 그러므로 신중하게 인재를 선택하고, 보좌할 사람들을 면밀히 살펴라. 그들의 능력에 따라 너의 명성이 결정될 것이다.

먼저 시작하고 탁월함을 갖추면, 그 가치는 배가된다

　남들보다 앞서가는 것은 곧 탁월함을 의미하며, 진정으로 뛰어난 사람에게는 그 가치가 더욱 빛난다. 같은 조건이라면 먼저 움직이는 사람이 유리하며, 어떤 이들은 불사조처럼 독보적인 존재가 될 수도 있었지만, 이미 앞서간 자들이 있었기에 그렇지 못했다. 선구자는 명성의 첫 주인이 되지만, 뒤따르는 자들은 아무리 노력해도 결국 모방자로 평가받을 위험이 크다. 비범하고 창의적인 사람들은 언제나 새로운 방식을 개척하며 탁월함을 이루었고, 신중함은 그들의 도전을 더욱 안전하게 만들었다. 현명한 사람들은 신선함을 무기로 삼아 영웅의 반열에 올랐으며, 어떤 이는 1등에서 2등으로 밀려나느니 차라리 2등에서 1등이 되기를 선택했다.

불쾌함을 피하는 것이
지혜로운 선택이다

불필요한 슬픔에 휘둘리지 마라. 고통을 멀리하는 것은 단순히 좋은 선택이 아니라 지혜로운 결정이기도 하다. 신중한 태도는 불행을 막아주며, 이는 행운과 평온한 삶으로 가는 길을 열어준다. 피할 수 없는 나쁜 소식을 일부러 전하지 말고, 스스로도 그런 소식을 쉽게 받아들이지 마라. 어떤 사람들은 달콤한 아첨에 길들여지고, 또 어떤 이는 끊임없는 험담과 비난을 즐기지만, 타인을 기쁘게 하려다 스스로를 불행에 빠뜨리는 것은 어리석은 일이다. 상대가 아무리 가까운 사람이라도 너의 행복을 희생하면서까지 그의 감정을 신경 쓸 필요는 없다. 위험을 감수하려하지 않는 사람들의 충고에 휘둘리지 말고, 지금 상대가 약간의 슬픔을 느끼는 것이 네가 나중에 깊은 절망 속에서 고통받는 것보다 훨씬 나은 선택임을 명심하라.

입이 크면 한 입 거리도 커야 한다

고상한 취향은 지성과 마찬가지로 길러질 수 있다. 깊이 있는 이해는 욕구와 열망을 키우며, 결국 무언가를 소유했을 때 느끼는 기쁨도 더욱 커지게 만든다. 사람의 재능이 얼마나 뛰어난지는 그가 무엇을 추구하는지를 보면 알 수 있다. 뛰어난 사람일수록 평범한 것에 만족하지 못하며, 큰 열망을 지닌 사람은 더욱 고귀한 것을 찾아야 비로소 만족한다. 세련된 취향을 지닌 사람 앞에서는 아무리 훌륭한 것이라도 부족하게 느껴질 수 있으며, 완벽하다고 여겨지는 것조차도 그들의 안목 앞에서는 주눅이 들 수 있다. 완벽한 것은 매우 드물기 때문에, 이를 알아보고 신중하게 감상하는 눈을 길러야 한다. 세련된 취향은 사람들과의 교류 속에서 형성되며, 꾸준한 경험과 연습을 통해 더욱 정교해진다. 만약 그런 취향을 지닌 사람과 함께할 기회가 있다면, 그것은 큰 행운이다. 하지만 무엇에도 만족하지 못하는 태도를 가져서는 안 된다. 그것은 단순한 허영심이며, 지나치면 오히려 어리석은 극단으로 흐를 수 있다. 심지어 어떤 사람들은 자신의 터무니없는 욕망을 충족시키기 위해 더 완벽한 세상이 필요하다고 생각하기까지 한다.

사람들은 과정보다 결과에 주목한다

일을 시작하는 것도 중요하지만, 결국 가장 중요한 것은 어떻게 끝맺느냐이다. 어떤 사람들은 목표를 설정하는 데만 집중하고, 정작 성공적으로 마무리하는 데에는 소홀하다. 그러나 아무리 노력을 기울였더라도 마지막에 실패하면 모든 것이 허사가 되고, 오히려 더 큰 실망을 남긴다. 승자는 변명을 필요로 하지 않는다. 대부분의 사람들은 과정이 아니라 결과로 성공과 실패를 판단하며, 원하는 목표를 달성했다면 평판에 흠이 남지 않는다. 과정이 완벽하지 않았더라도 훌륭한 마무리를 하면 모든 것이 긍정적으로 보인다. 때로는 방법과 기술보다 중요한 것이 상황에 맞게 최선의 결말을 이끌어내는 능력이다.

아무리 가치 있는 일이라도 알아주는 사람이 없다면 그 진가가 묻힐 수 있다

존경받을 수 있는 직업을 선택하라. 대부분의 직업은 타인의 평가에 따라 그 가치가 결정된다. 사람들의 인정과 존경은 직업의 의미를 더욱 빛나게 하며, 사회적 가치를 높이는 역할을 한다. 어떤 직업은 많은 사람들의 주목을 받으며 환호를 얻지만, 어떤 직업은 필수적이면서도 조용히 존경받을 뿐이다. 대중의 관심을 쉽게 끄는 직업은 자연스럽게 호감을 얻지만, 깊은 전문성을 요구하는 직업은 그 가치를 아는 소수에게만 인정받는다. 역사 속에서도 가장 찬사를 받은 군주들은 전쟁에서 승리한 정복자들이었으며, 아라곤의 왕들 또한 관대함과 용맹함으로 명성을 얻었다. 결국, 진정으로 위대한 인물은 많은 사람들에게 인정받을 수 있는 길을 선택하며, 대중의 지지가 그를 영원히 기억되는 존재로 만들어 줄 것이다.

이해를 돕는 것이 기억을
일깨우는 것보다 낫다

　다른 사람에게 명확히 전달하는 법을 익혀라. 단순히 기억에
남게 하는 것보다 확실히 이해시키는 것이 훨씬 더 가치 있다.
뛰어난 사람은 상대의 기억을 자극하는 것에 그치지 않고, 그들
이 내용을 제대로 받아들이고 활용할 수 있도록 돕는다. 때로는
과거의 경험을 다시 떠올리게 하거나, 앞으로의 방향을 미리 조
언해야 할 때도 있다. 많은 사람이 이미 알고 있는 사실조차 적
절한 순간에 떠올리지 못해 중요한 기회를 놓친다. 이럴 때, 한
마디의 조언이 결정적인 차이를 만들 수 있다. 빠르게 핵심을 파
악하는 능력은 성공의 중요한 요소이며, 이를 갖추지 못하면 수
많은 기회를 잃게 된다. 지혜로운 사람은 다른 이들에게 통찰을
나누어야 하며, 통찰이 부족한 사람은 적절한 때에 도움을 요청
할 줄 알아야 한다. 그러나 조언을 할 때는 신중해야 하며, 조언
을 구하는 사람 또한 직접적인 요구보다는 자연스러운 암시를
활용하는 것이 효과적이다. 특히 조언하는 사람이 이해관계에
얽혀 있다면 더욱 조심해야 한다. 상황에 맞춰 적절한 표현을 선
택하고, 암시만으로 충분하지 않을 때만 분명하게 전달하는 것
이 현명하다. 설령 거절당한 상황이라도 능숙한 접근법을 사용
하면 다시 기회를 만들 수도 있다. 결국, 많은 일이 성취되지 않
는 이유는 단순히 아무도 제대로 시도하지 않았기 때문이다.

감정에 휘둘리지 마라

감정에 휘둘리지 마라. 진정으로 위대한 사람은 순간적인 충동에 따라 행동하지 않는다. 신중함이란 스스로를 성찰하고 자신의 기질을 정확히 이해하며, 감정의 흐름을 예측하고 균형 있게 대응하는 것이다. 본성과 이성을 조화롭게 유지하려면 반드시 자기 통제가 필요하다. 자기 통제는 먼저 자기 인식에서 시작되며, 자신을 제대로 아는 사람만이 이를 실천할 수 있다. 세상에는 특정한 감정에 쉽게 지배당하는 사람들이 많다. 이들은 감정에 따라 행동이 수시로 변하며, 일관성을 잃고 주변까지 혼란스럽게 만든다. 결국, 이런 불안정한 태도는 삶을 모순으로 가득차게 하며, 충동이 계속되면 의지는 약해지고 판단력마저 흐려져 욕망과 이성이 함께 무너진다. 그러므로 순간적인 감정에 휩쓸리기보다는 깊이 있는 성찰과 꾸준한 자기 통제를 실천하는 것이 더욱 중요하다.

거절할 때는 예의를 갖추고, 실망을 따뜻한 말로 감싸야 한다

현명하게 거절하는 법을 익혀라. 모든 요청을 받아들일 수는 없으며, 특히 권위를 가진 사람이라면 더욱 신중해야 한다. 중요한 것은 거절을 표현하는 방식이다. 잘 표현된 거절은 무뚝뚝한 승낙보다 오히려 더 좋은 인상을 남길 수 있다. 어떤 사람의 "아니오"는 다른 사람의 "예"보다도 더 기분 좋게 들릴 수 있다. 반면, 무조건 부정적인 태도로 모든 요청을 거절하는 사람은 분위기를 망치고, 나중에 승낙하더라도 처음의 나쁜 인상 탓에 호감을 얻지 못한다. 거절은 단번에 단호하게 말하기보다, 점진적으로 전달하는 것이 효과적이다. 완전히 문을 닫아버리면 상대는 더 이상 너에게 호의를 기대하지 않게 되며, 관계가 단절될 수도 있다. 따라서 거절할 때도 약간의 희망을 남겨 실망감을 줄이고 관계를 유지해야 한다. 비록 직접적인 도움을 줄 수 없더라도, 예의 바른 말로 아쉬움을 덜어주는 것이 중요하다. 결국, "아니오"와 "예"는 짧은 말이지만, 그 안에는 깊은 고민과 신중한 판단이 담겨 있어야 한다.

기질에서 비롯되었든 의도적인 가식이든,
일관성 없는 행동은 피해야 한다

　일관성을 유지하라. 기질이든 허세든, 변덕스러운 태도는 결국 신뢰를 잃게 만든다. 신중한 사람은 중요한 일에서 항상 한결같아야 하며, 그의 태도가 바뀌는 것은 오직 상황이나 가치에 대한 판단이 달라졌을 때뿐이어야 한다. 변덕은 미덕이 아니며, 하루가 다르게 변하는 사람은 자신뿐만 아니라 주변까지 혼란스럽게 만든다. 어제 허락했던 일을 오늘 철회한다면, 결국 자신의 평판을 스스로 무너뜨리는 결과를 초래할 것이다. 그러므로 언제나 태도의 일관성을 지키고 변덕스러운 행동을 멀리해야 한다.

단호한 결정을 내릴 줄 아는 사람들은 높은 자리에 오를 자격이 있다

주저하지 말고 결단력을 가져라. 서투른 실행으로 인한 피해보다 결단력 부족이 초래하는 손실이 훨씬 크다. 가만히 두면 재료가 상하듯, 망설이면 기회는 사라진다. 반면 과감히 움직이면 더 나은 결과를 얻을 수 있다. 어떤 사람들은 스스로 결정을 내리지 못하고 주변의 자극을 기다리는데, 이는 방향을 잃은 것뿐만 아니라 무기력함의 증거다. 어려움을 인식하는 것도 중요하지만, 더 중요한 것은 그 어려움을 해결할 방법을 찾는 것이다. 반면 뛰어난 판단력과 강한 결단력을 지닌 사람들은 어떤 장애 앞에서도 주저하지 않고 과감하게 나아간다. 그들은 높은 목표를 위해 태어났으며, 상황을 명확히 이해하기 때문에 자연스럽게 성공을 이끌어낸다. 말보다 행동이 빠르고, 행동한 후에도 여유가 있다. 그들의 자신감은 스스로를 믿는 데서 나오며, 그것이 곧 강한 추진력이 된다.

언제 물러나야 할지를 아는 것도 지혜다. 현명한 사람은 어려운 상황을 무리하게 극복하려 하기보다, 적절히 피하는 방법을 택한다. 때로는 우아한 농담 하나로 분위기를 누그러뜨리거나, 여유로운 미소 한 번으로 난처한 순간을 넘길 수도 있다. 역사 속 위대한 장군들도 오직 용맹만으로 승리한 것이 아니라, 때로는 이런 지혜로운 방식으로 위기를 모면했다. 상대방을 불쾌하게 만들지 않으면서 거절하는 가장 좋은 방법은 자연스럽게 화제를 바꾸는 것이다. 더 나아가, 가장 영리한 접근법은 마치 자신의 상황이 아닌, 제삼자의 이야기인 듯 돌려서 말하는 것이다. 이렇게 하면 직접적인 충돌을 피하면서도 원하는 결과를 얻을 수 있다.

다가가기 쉬운 사람이 되어라

다른 사람들에게 편안한 존재가 되어라. 사람들을 밀어내는 태도는 자신을 제대로 이해하지 못하는 사람들의 결점이며, 작은 일에도 쉽게 기분이 변하는 미숙함의 증거다. 다른 사람을 불쾌하게 만들어서는 좋은 평판을 얻을 수 없다. 마치 언제라도 폭발할 것 같은 사람을 떠올려 보라. 그 주변 사람들은 마치 사나운 동물을 상대하듯 항상 조심스럽게 접근할 수밖에 없다. 어떤 사람은 목표를 이루기 전까지는 모두에게 친절하다가, 막상 원하는 것을 얻으면 돌변하여 주변을 힘들게 만든다. 그들은 높은 자리에 있으면서도 냉정하고 허영심이 가득하여 결국 누구와도 진정한 관계를 맺지 못한다. 이런 사람에게 줄 수 있는 가장 품위 있는 처벌은 아예 상대하지 않고 거리를 두는 것이다. 그러니 너는 이들에게 소모될 시간과 지혜를 더 가치 있는 사람들에게 베풀어라.

탁월한 본보기를 선택하고
그것을 넘어서라

위대한 인물을 본보기로 삼되, 단순히 따라 하는 데 그치지 말고 그를 뛰어넘으려 노력하라. 뛰어난 사람들의 삶은 살아 있는 교훈이며, 그들의 업적은 후대에 영감을 준다. 누구나 자신이 속한 분야에서 가장 뛰어난 인물을 찾아 그를 본보기로 삼아야 하지만, 단순한 모방이 아니라 더 높은 목표를 세워야 한다. 알렉산더가 아킬레우스의 무덤 앞에서 눈물을 흘린 것은 단순한 감상이 아니라, 아직 그의 명성을 뛰어넘지 못했다는 아쉬움 때문이었다. 위대한 인물들의 이름이 널리 알려질수록, 우리의 영혼은 더욱 높은 목표를 향해 나아가고자 하는 열망을 품게 된다. 진정한 성공은 질투가 아니라, 더 고귀한 행동을 통해 이루어진다.

농담은 적절하게 활용하되,
중요한 순간에는 신중함을 유지하라

지나치게 농담을 남발하면 가벼운 사람으로 보일 수 있다. 신중한 사람은 적절한 진지함을 갖추고 있으며, 재치보다는 성실함으로 더 큰 신뢰와 존경을 얻는다. 끊임없이 농담을 하는 사람은 중요한 순간에도 가볍게 행동할 것이라는 인상을 주며, 결국 신뢰를 잃게 된다. 우리가 거짓말을 자주 하는 사람을 경계하듯이, 늘 장난스러운 태도를 보이는 사람도 쉽게 믿지 않는다. 농담은 때때로 분위기를 부드럽게 만드는 역할을 하지만, 진지해야 할 순간을 흐리게 해서는 안 된다. 유머는 짧은 즐거움을 줄 수 있지만, 지나치면 지혜로운 판단력을 흐리게 만든다. 결국 중요한 것은 언제 농담을 하고, 언제 신중해야 하는지를 아는 것이다.

모든 사람과 조화를
이루는 지혜를 갖추라

　모든 상황과 사람에 유연하게 대응하라. 신중하고 지혜로운 사람은 환경에 맞춰 자연스럽게 태도를 조절할 줄 안다. 학자와 함께할 때는 지적인 면모를 드러내고, 성실한 사람과 있을 때는 신뢰감을 주는 태도를 보이는 것이 중요하다. 사람들은 자신과 비슷한 분위기를 가진 이에게 자연스럽게 호감을 느끼므로, 상대의 성격과 분위기를 파악하고 이에 맞춰 대화하고 행동하라. 진지한 사람과 있을 때는 신중하게, 유쾌한 사람과 함께할 때는 편안하게 어울리는 것이 원만한 관계를 유지하는 비결이다. 이는 특히 타인의 협력이 필요할 때 유용한 방법이며, 사회적 관계를 더욱 부드럽게 만들어 준다. 다양한 지식과 유연한 성격을 지닌 사람일수록 이러한 적응력을 더 효과적으로 발휘할 수 있다.

신중함 없이 무리하게 시도하면
실패로 이어진다

어떤 일이든 시작할 때는 신중함이 필요하다. 성급한 사람은 깊이 생각하지 않고 무작정 뛰어들어 예상치 못한 위험에 쉽게 빠진다. 이들은 결과나 평판을 고려하지 않고 단순한 충동에 따라 행동하지만, 신중한 사람은 상황을 면밀히 살피고 철저하게 대비한 후에 움직인다. 빠른 결정이 가끔은 성공을 가져오기도 하지만, 대부분 신중하지 못한 선택은 큰 대가를 치르게 된다. 특히 어려운 상황에서는 조급함을 버리고 차분하게 해결책을 찾아야 한다. 타인과의 관계에서도 보이지 않는 위험이 많기 때문에 더욱 신중하게 접근하는 것이 중요하다.

약간의 유머는 모든 상황에서 분위기를 부드럽게 만드는 양념과 같다

쾌활한 성격은 적절히 조절하면 단점이 아니라 오히려 강점이 된다. 유머는 음식의 맛을 더하는 양념과 같아서, 적당히 사용하면 분위기를 부드럽게 만들고 사람들의 호감을 얻을 수 있다. 뛰어난 사람들은 세련된 태도와 재치 있는 농담으로 자연스럽게 매력을 발산하지만, 결코 품위를 잃지는 않는다. 때로는 지나친 심각함보다 가벼운 유머가 긴장을 풀고 어려움을 극복하는 데 더 효과적일 때도 있다. 이런 태도는 타인에게 친근함을 주며, 자연스럽게 사람들을 끌어당긴다. 다만, 유머 역시 지나치면 가벼워 보일 수 있으므로 신중하게 사용하는 것이 중요하다.

정보는 종종 강한 인상을
남기려는 의도로 과장되기도 한다

정보를 얻을 때는 신중해야 한다. 우리는 살아가면서 수많은 정보를 접하지만, 직접 확인할 수 있는 것은 극히 일부에 불과하다. 대부분의 정보는 타인의 말을 통해 전달되며, 그 과정에서 진실이 흐려질 수 있다. 귀로 들은 정보는 때로는 진실로 가는 길이 되지만, 반대로 왜곡된 거짓으로 빠지는 지름길이 될 수도 있다. 진실은 직접 눈으로 확인한 것과 가깝고, 멀리서 전해지는 이야기는 원래의 모습을 잃기 쉽다. 감정이 개입될수록 정보는 더욱 변질되며, 때로는 미움으로, 때로는 호감으로 본래의 사실과 멀어진다. 또한 정보를 제공하는 사람의 의도도 주의 깊게 살펴야 한다. 특히 칭찬하는 사람을 경계하는 것이 비판하는 사람을 조심하는 것보다 더 중요할 때가 많다. 상대가 무엇을 얻으려 하는지, 어떤 방향으로 이끌려 하는지를 면밀히 살펴야 한다. 그 속에 숨겨진 의도와 오류를 간파하는 것이야말로 신중한 판단의 핵심이다.

제5장 변화와 성장의 힘

끊임없이 자신을 새롭게 하라

너의 매력을 지속적으로 새롭게 가꾸어라. 이는 불사조가 재
탄생하며 끊임없이 빛을 발하는 것과 같은 원리다. 아무리 뛰어
난 능력과 화려한 명성도 시간이 지나면 익숙해지고, 사람들은
더 이상 그것을 특별하게 여기지 않는다. 익숙한 것은 쉽게 흥미
를 잃게 만들며, 때로는 평범한 새로움이 오래된 위대함보다 더
큰 주목을 받기도 한다. 그러므로 너를 돋보이게 하는 용기, 지
혜, 열정 같은 장점들을 끊임없이 다듬고 변화시켜라. 매일 새롭
게 떠오르는 태양처럼 너도 스스로를 새롭게 만들어 사람들에
게 신선한 인상을 남겨야 한다. 때로는 너의 매력을 살짝 감추어
사람들이 너를 그리워하게 만들고, 적절한 순간 다시 그 모습을
드러내어 기대와 환호를 이끌어 내라.

오렌지를 너무 짜면 단맛보다
쓴맛이 먼저 느껴진다

모든 일에는 적절한 균형이 필요하며, 지나치면 오히려 해가 된다. 한 현자는 지혜란 결국 중용을 지키는 것이라고 말했다. 아무리 옳은 일이라도 과하게 밀어붙이면 그 자체가 잘못이 될 수 있다. 오렌지를 너무 세게 짜내면 달콤함 대신 쓴맛이 나고, 즐거움도 지나치면 피로가 되며, 지성도 과하게 몰두하면 오히려 메마르게 된다. 젖소에서 무리하게 우유를 짜내면 우유가 아니라 피가 나오듯이, 모든 것은 적당한 선에서 멈출 때 가장 가치가 있다.

작은 잘못을 허용하여
시기심을 누그러뜨려라

때로는 작은 실수를 드러내는 것이 오히려 도움이 된다. 지나치게 완벽해 보이면 시기의 대상이 되기 쉽다. 사람들은 완벽한 존재를 부담스럽게 여기며, 시기심은 뛰어난 재능을 가진 사람을 더욱 고립시킨다. 완벽함이 두드러질수록 질투하는 이들은 작은 허점조차 크게 부풀려 비난하며, 심지어 결점이 없으면 억지로 만들어내기까지 한다. 완벽한 사람일수록 사소한 실수에도 큰 비판을 받게 된다. 따라서 때때로 약간의 허점을 보여 주어 완벽함을 덜어내는 것이 좋다. 마치 호메로스도 가끔 실수를 했듯이, 일부러 방심한 모습을 보이며 부담을 줄이는 것이다. 다만 신중함만은 예외로 하라. 이렇게 하면 질투하는 사람들의 불필요한 공격을 피하면서도 자신의 진정한 재능을 더욱 자유롭게 펼칠 수 있다.

적대감은 때때로 우호적인 관계보다 더 많은 것을 가르쳐준다

적을 다루는 법을 알아야 한다. 칼을 잡을 때 칼날이 아니라 칼자루를 쥐어야 하듯이, 적도 현명하게 활용해야 한다. 적은 너를 해칠 수도 있지만, 잘 이용하면 오히려 보호막이 될 수도 있다. 지혜로운 사람은 적을 어리석은 사람이 친구를 활용하는 것보다 더 효과적으로 다룬다. 때로는 적의 악의가 네가 보지 못한 장애물을 제거해 주는 역할을 하기도 한다. 실제로 많은 사람들이 성공을 이루는 과정에서 적의 존재가 도움이 되었다. 달콤한 아첨보다 솔직한 증오가 덜 위험한 이유는, 증오는 네 결점을 감추지 않고 그대로 드러내기 때문이다. 현명한 사람은 적대적인 시선을 거울 삼아 자신을 돌아보며, 때로는 그것이 애정 어린 시선보다 더 정직하다는 사실을 깨닫는다. 적이 가진 비판을 활용하면 자신의 단점을 발견하고 고칠 수 있으며, 강한 경쟁 속에서 더욱 신중하고 철저해질 수밖에 없다.

횃불은 밝을수록 빨리 타들어가며, 너무 자주 사용되면 그 빛이 무뎌진다

　모든 일에서 쓸모없는 사람이 되는 것도 문제지만, 지나치게 쓸모 있는 사람이 되는 것은 더 큰 문제다. 뛰어난 능력을 가진 사람은 쉽게 남용되며, 누구나 필요로 하는 존재가 되면 결국 부담스럽고 귀찮은 존재로 여겨질 수 있다. 어떤 사람들은 너무 자주 성공하여 오히려 그 성공이 패배로 이어지기도 하며, 한때 모두가 탐내던 사람이 시간이 지나면서 점점 가치를 잃고 무시당하기도 한다. 이런 사람을 흔히 '만능패'라고 부른다. 처음에는 독창적이라는 이유로 칭송받지만, 시간이 흐를수록 평범한 존재로 인식되어 결국 더 이상 특별하게 보이지 않는다. 이를 피하려면 자신의 능력을 적절히 드러내고, 필요할 때만 활용하는 절제력이 필요하다. 완벽함을 추구하되, 그것을 과시하지 않는 것이 중요하다. 횃불이 너무 밝으면 빨리 꺼지는 것처럼, 지나친 노출은 오래 지속될 수 없다. 진정으로 존경받고 싶다면, 때로는 자신을 감추고 신비로운 매력을 유지할 줄 알아야 한다.

나쁜 소문은 자극적이고 믿을 법한 데다, 한 번 들으면 쉽게 잊히지 않는다

소문이 퍼지기 전에 막아라. 군중은 여러 개의 머리를 가진 괴물과 같아서, 수많은 눈으로 감시하고 수많은 혀로 험담을 퍼뜨린다. 때로는 사소한 소문 하나가 가장 훌륭한 명성을 무너뜨리고, 별명처럼 따라붙어 결국 존경받던 인물의 평판을 흐려놓는다. 사람들은 누군가의 작은 약점이나 우스운 면을 집어내어 떠들기를 좋아하며, 질투심 많은 경쟁자들은 이를 이용해 교묘하게 소문을 만들어 퍼뜨린다. 때로는 무례한 농담 하나가 뻔뻔한 거짓말보다 더 빠르게 명성을 실추시키기도 한다. 나쁜 평판은 쉽게 생기지만, 이를 되돌리는 것은 어렵다. 그러므로 신중한 사람이라면 미리 예방하고, 불필요한 오해나 불명예를 경계해야 한다. 작은 조치 하나가 큰 손실을 막을 수 있으며, 이는 예방이 치료보다 낫다는 오래된 진리를 다시금 증명한다.

교양은 인간을 완성하는
필수 요소이다

인간은 본래 다듬어지지 않은 상태로 태어나지만, 교양이 그를 더욱 품격 있는 존재로 만든다. 교양은 인간을 완성하는 요소이며, 깊어질수록 품격 또한 높아진다. 이런 이유로 그리스인들은 자신들과 다른 민족을 '야만인'이라 부르기도 했다. 무지는 사람을 거칠고 투박하게 만들며, 지식만큼 인간을 고양시키는 것은 없다. 그러나 단순히 많은 것을 안다고 해서 세련된 것은 아니다. 지성뿐만 아니라 욕망, 그리고 말과 태도까지도 다듬어져야 진정한 품격이 완성된다. 어떤 사람들은 내면과 외면 모두 자연스럽게 세련됨을 갖추고 있어, 생각과 말뿐만 아니라 행동에서도 품위를 보여준다. 반면, 어떤 사람들은 조잡한 태도로 인해 자신이 가진 훌륭한 자질마저 흐려버린다. 세련됨은 단순한 겉치레가 아니라, 인간의 품격을 완성하는 필수적인 요소다.

사람들과 어울릴 때는 여유롭고 품격 있는 태도를 유지하라. 높은 목표를 가진 사람은 사소한 일에 집착하지 않는다. 대화 중에도 지나치게 세부 사항을 따질 필요는 없으며, 특히 불쾌한 주제라면 더욱 그렇다. 사물을 관찰하되 자연스럽게 하고, 상대를 심문하듯 몰아가지 마라. 예의 바르고 품위 있는 태도는 곧 기품이 되며, 진정한 영향력은 이러한 태도에서 비롯된다. 가까운 친구나 지인, 심지어 적과의 관계에서도 작은 일에는 대수롭지 않게 넘어갈 줄 알아야 한다. 지나친 엄격함은 사람들을 지치게 만들고, 그것이 습관이 되면 주변 사람들에게 부담이 된다. 불쾌한 일을 계속 곱씹으며 집착하는 것은 일종의 강박이며, 관계를 해칠 뿐이다. 사람들은 각자 자신의 본성과 능력에 따라 행동하므로, 있는 그대로 받아들이는 것이 더 현명하다.

자기 자신을 아는 것은
모든 지혜의 출발점이다

　자기 자신을 아는 것은 모든 지혜의 시작이다. 자신의 성격, 지성, 판단력, 감정을 정확히 파악해야 한다. 자신을 제대로 알지 못하면 결코 통제할 수도, 성장할 수도 없다. 얼굴을 비추는 거울은 많지만, 영혼을 비추는 유일한 거울은 현명한 자기 성찰이다. 외적인 모습에 대한 관심이 줄어들 때, 내면을 가꾸고 향상시키는 데 집중해야 한다. 지혜롭게 행동하려면 자신의 신중함과 통찰력을 가늠할 줄 알아야 한다. 도전에 맞설 때는 먼저 자신의 능력을 평가하고, 스스로의 깊이를 탐색하며, 가진 자원을 신중하게 점검해야 한다.

오래 사는 비결은 선하게 사는 데 있다

잘 사는 것이 오래 사는 길이다. 삶을 단축하는 가장 큰 원인은 어리석음과 타락이다. 어떤 사람은 삶을 지키는 법을 몰라 잃고, 어떤 사람은 애써 지키려 하지 않아 잃는다. 덕은 그 자체로 보상이 되며, 악덕은 그 자체로 형벌이 된다. 방탕하고 무절제한 삶을 사는 자는 스스로 파멸을 앞당기며, 덕을 쌓고 올바르게 사는 자는 그 영향력이 오랫동안 남는다. 정신이 건강하면 육체도 따라 강해지고, 선한 삶을 살아가는 사람은 의미와 지속성 면에서 더욱 길게 존재한다.

확신 없는 행동은 실수를 부르고, 신중한 준비만이 성공을 보장한다

신중함이 없는 일이라면 아예 시작하지 마라. 어떤 일이 실패할 조짐이 보인다면, 그것은 주변 사람들, 특히 경쟁자들에게 더욱 분명하게 드러난다. 감정에 휘둘려 내린 결정은 시간이 지나면 후회로 남기 마련이다. 무모한 행동은 위험을 부르고, 때로는 아무것도 하지 않는 것이 더 현명할 수도 있다. 신중한 사람은 막연한 기대에 의존하지 않고, 언제나 이성이라는 밝은 빛 아래에서 길을 찾는다. 처음부터 조심스럽게 접근해야 하는 일이라면, 그만큼 성공하기 어렵다. 충분히 고민한 결정조차 실패할 수 있는데, 이성이 의심하고 신중함이 부족한 선택에서 무엇을 기대할 수 있겠는가?

탁월한 분별력이 모든 성공의 열쇠다

모든 상황에서 뛰어난 판단력을 갖추어라. 말과 행동에서 신중함을 갖추는 것은 매우 중요한 덕목이며, 지위가 높고 책임이 클수록 더욱 필요하다. 신중함이 조금만 더해져도 화려한 언변보다 훨씬 더 큰 가치를 지닌다. 사람들의 환심을 사려 애쓰기보다 올바른 길을 선택하는 것이 더 현명하다. 신중한 사람으로 인정받는 것은 결국 가장 큰 명성을 얻는 길이며, 진정으로 지혜로운 이들의 신뢰를 받는 것만으로도 충분하다. 그들의 평가는 곧 성공을 가늠하는 가장 확실한 기준이 된다.

제5장 변화와 성장의 힘 | 113

093 완벽함은 여러 사람의 가치를
하나로 모은 것이다

완벽한 사람은 마치 여러 사람의 장점을 한데 모은 듯 조화를 이루는 존재다. 그는 다양한 능력을 균형 있게 갖추어 삶을 더욱 풍요롭게 만들며, 그 기쁨을 자연스럽게 주변에도 전한다. 조화와 다채로움이야말로 삶을 매력적으로 만드는 요소이며, 모든 좋은 것을 즐길 줄 아는 것은 위대한 기술이다. 자연이 인간을 세상의 축소판으로 창조했다면, 지혜와 경험은 그의 안목과 지성을 연마하여 그를 하나의 완전한 존재로 만들어야 한다.

능력을 드러내는 것보다
신비롭게 감추는 것이 더 강한 인상을 남긴다

너의 능력을 모두 드러내지 마라. 신중한 사람은 자신의 지식과 재능을 한눈에 파악당하지 않도록 해야 한다. 모든 것을 보여주면 기대감이 무너질 수도 있지만, 적절히 감추면 더 큰 존경을 받을 수 있다. 사람들은 완전히 파악되지 않는 존재에게 더욱 높은 가치를 부여하며, 숨겨진 가능성이 있을 거라 생각할 때 더욱 경외심을 갖는다.

기대감을 불러일으켜
더 높은 가치를 만들어라

　사람들의 기대를 끊임없이 이어가라. 한 번의 성공으로 만족하지 말고, 다음 성취를 예고하듯 능력과 재능을 점진적으로 드러내야 한다. 처음부터 모든 것을 보여주는 대신, 한 걸음씩 나아가며 기대감을 조성하라. 중요한 것은 단 한 번의 승부가 아니라, 지속적인 성취를 통해 사람들의 관심과 존경을 유지하는 것이다.

상식은 가장 강력한 방어 수단이며, 부족할 경우 신뢰를 얻기 어려워진다

상식은 이성이 머무는 중심이자 신중함의 토대이며, 이를 갖춘 사람은 성공에 쉽게 이를 수 있다. 이는 하늘이 내린 최고의 선물로, 반드시 길러야 할 중요한 자질이다. 상식은 가장 강력한 방어 수단이며, 부족할 경우 신뢰를 얻기 어려워진다. 특히 상식이 결여된 순간, 그 결함은 더욱 뚜렷하게 드러난다. 우리의 모든 행동과 선택은 결국 상식을 바탕으로 이루어지며, 이는 이성과 조화를 이루어 가장 적절한 길을 찾으려는 태도에서 비롯된다.

명성을 얻는 것보다 중요한 것은,
그것을 가치 있게 유지하는 것이다

명성을 쌓고 지켜라. 그것은 명예에서 비롯되며, 값진 가치를 지닌다. 뛰어난 재능과 탁월한 업적으로 얻은 명성은 흔한 것과 달리 매우 드물지만, 일단 얻으면 유지하는 것이 훨씬 쉬워진다. 명성은 책임감을 부여하고 더 큰 성취를 이끌어 내며, 그것이 경외심을 불러일킬 정도로 자리 잡으면 자연스럽게 위엄으로 이어져 더욱 강한 영향력을 갖게 된다. 하지만 오랫동안 지속된 명성은 언제나 실질적인 가치 위에서 구축된다는 사실을 잊지 말아야 한다.

침묵과 신중한 전략은 종종
가장 강력한 무기가 된다

의도를 쉽게 드러내지 말고 신중하게 감춰라. 감정은 영혼의 문과 같으며, 가장 실용적인 지혜는 때로 감추는 데서 나온다. 자신의 패를 먼저 드러내면 상대에게 유리한 위치를 내어줄 수밖에 없다. 그러므로 타인의 예리한 시선을 피하려면 절제와 신중함이 필수적이다. 누군가 네 속마음을 꿰뚫어 보려 한다면, 오징어가 먹물을 뿌려 자신을 숨기듯 너도 생각을 감출 줄 알아야 한다. 누구도 너의 성향을 쉽게 예측할 수 없게 만들어야 하며, 그래야만 반대하는 자는 네 약점을 찾을 수 없고, 아첨하는 자도 너를 이용할 방법을 찾지 못할 것이다.

겉모습이 실제를 지배한다

　겉모습과 실제 본질은 종종 다르게 평가된다. 사람들은 사물을 있는 그대로 보지 않고, 보이는 대로 판단하는 경향이 있다. 진실을 꿰뚫어 볼 줄 아는 이는 드물며, 대부분은 표면적인 인상에 만족한다. 아무리 올바른 내면을 지녔다 해도, 겉으로 보이는 모습이 부정적이거나 오해를 살 만하다면 그것만으로도 부족할 수 있다. 결국, 진실 자체만큼이나 그것을 어떻게 드러내느냐도 중요하다.

겉모습에 속지 않고 덕망과 지혜를 갖춘 사람은 어떤 환경에서도 철학자의 태도를 잃지 않는다. 그러나 그것이 단순한 허세가 되어서는 안 되며, 덕을 과시하려는 태도 역시 경계해야 한다. 세상은 더 이상 철학을 존경하지 않지만, 지혜로운 사람들에게 그것은 여전히 가장 중요한 가치다. 신중함의 미덕 또한 과거처럼 중시되지 않는다. 한때 세네카가 로마에 철학을 들여왔을 때는 귀족들에게 매력적으로 보였지만, 지금은 무용하거나 오히려 성가신 것으로 여겨진다. 그러나 진실을 추구하고 거짓을 배척하는 것은 언제나 신중한 삶의 본질이며, 올바르게 살아가는 것 자체가 주는 기쁨이기도 하다.

제6장 자신을 완성하는 법

세상은 끊임없이 서로를 비웃으며, 어리석음이 많은 것을 지배한다. 어떤 것은 훌륭하다고 평가되지만, 또 어떤 것은 가치 없다고 여겨지며, 결국 모든 판단은 보는 사람의 관점에 따라 달라진다. 한 사람이 열정적으로 추구하는 것을 다른 이는 무의미하게 여기고, 자신의 기준만을 절대적인 것으로 믿는 사람만큼 상대하기 어려운 어리석은 이도 없다. 완벽함이란 단 한 사람의 취향을 충족시키는 것이 아니라, 얼굴이 다 다르듯 취향도 다양하기에 보다 폭넓은 기준에서 평가되어야 한다. 어떤 사람이 결점이라 여기는 것이 누군가에게는 장점이 될 수도 있다. 그러므로 일부에게 인정받지 못했다고 해서 자신의 가치를 의심하거나 낮출 필요는 없다. 결국 그것을 알아보고 평가해 줄 사람들이 반드시 있으며, 그들 역시 또 다른 누군가에게 비판받을 수밖에 없다. 진정한 만족의 기준은 사물을 올바르게 평가할 줄 아는 지혜로운 이들의 인식에 있으며, 인생은 단 한 사람의 의견이나 특정한 습관, 하나의 시대만을 기준으로 살아가는 것이 아니다.

큰 행운을 얻는 것보다 중요한 것은,
그 행운을 감당할 수 있는 그릇을 갖추는 것이다

큰 행운을 받아들일 배짱을 가져야 한다. 신중함이란 넉넉한 마음을 필요로 하며, 위대한 재능은 위대한 기회를 온전히 받아들일 수 있는 능력에서 비롯된다. 최고의 행운을 누릴 자격이 있다면, 그것에 안주하지 말고 더 큰 가능성을 바라보아야 한다. 어떤 사람에게 넘치는 것이 다른 사람에게는 여전히 부족할 수도 있다. 좋은 기회를 만나고도 그것을 제대로 활용하지 못하는 사람도 있다. 높은 자리와 어울리지 않거나, 그런 환경에 익숙하지 않기 때문이다. 이들은 인간관계를 어긋나게 하고, 헛된 명예심에 사로잡혀 판단력을 흐리며, 결국 모든 것을 잃고 만다. 높은 곳에서는 쉽게 현기증이 나듯, 행운이 찾아와도 그것을 감당할 준비가 되어 있지 않다면 결국 실패로 이어진다. 진정으로 위대한 사람은 언제든 더 큰 것을 받아들일 수 있는 여유를 가지며, 자신의 마음이 좁다는 인상을 주지 않도록 신중해야 한다.

왕관을 쓴 자만이 왕이 되는 것이 아니라, 태도가 곧 위엄을 결정한다

자신에게 걸맞은 품격을 지녀라. 모든 사람이 왕이 될 수는 없지만, 누구나 자신의 위치에 맞는 기품을 갖추고 행동해야 한다. 존엄한 태도와 고결한 정신을 유지하는 것이 중요하며, 비록 실제로 왕이 아닐지라도 그에 걸맞은 품성과 능력을 갖춘다면 참된 위엄을 가질 수 있다. 진정한 권위는 직위가 아니라 올곧은 도덕성과 품격에서 비롯된다. 진정한 위대함을 지닌 사람은 남의 위대함을 부러워할 필요가 없다. 특히 권력 가까이에 있는 사람들은 내면의 고귀한 덕목을 함양해야 하며, 왕족의 허식이 아니라 본질적인 가치를 추구해야 한다. 그들은 허영이 아닌 진정한 고결함을 지향해야 하며, 외적인 장식이 아니라 내면의 품격으로 존경받아야 한다.

104 일의 본질을 정확히 이해하고, 그에 맞는 방식으로 접근하라

각 직업이 요구하는 바를 정확히 이해해야 한다. 직업마다 성격이 다르며, 이를 올바르게 파악하려면 지식과 통찰력이 필요하다. 어떤 일은 용기가 필요하고, 어떤 일은 세심한 신중함이 요구된다. 단순한 일은 정직함만으로도 충분하지만, 까다로운 일은 섬세한 기술과 끊임없는 주의가 필요하다. 사람을 다스리는 일은 특히 어렵고, 어리석거나 충동적인 사람을 다루는 것은 더욱 힘들다. 지혜가 부족한 이들을 이끌기 위해서는 오히려 더 높은 수준의 지성이 필요하다. 가장 지루한 일은 반복적이며 변화가 없고, 변화와 중요성이 적절히 조화를 이루는 일이 훨씬 더 지속적인 흥미를 유지할 수 있다. 가장 존경받는 직업은 큰 책임을 요구하거나 최소한의 종속성만 갖는 직업이며, 반면 가장 힘든 일은 끊임없는 노력이 필요하고 마치 이승뿐만 아니라 저승에서도 땀을 흘려야 할 것 같은 고된 노동이다.

행동에 지루함이 없도록 하라. 하나의 주제나 강박에 집착하지 말고, 말과 행동에서 간결함을 유지해야 한다. 간결한 표현은 듣는 사람에게 더 큰 즐거움을 주고, 정중함을 더하면 더욱 효과적으로 전달된다. 짧고 핵심적인 말은 길고 장황한 말보다 더 깊은 의미를 담을 수 있으며, 좋은 것은 짧을수록 더욱 가치가 있다. 심지어 나쁜 것도 짧으면 덜 불쾌하다. 정수를 담은 한마디가 장황한 설명보다 훨씬 강한 인상을 남긴다. 키가 큰 사람이 반드시 명석한 것은 아니지만, 지나치게 길고 늘어지는 말보다는 차라리 키가 큰 것이 나을 수도 있다. 어떤 사람들은 세상을 빛내기보다 오히려 짜증 나게 만드는 데 능숙하며, 아무도 원하지 않는 쓸모없는 장신구처럼 외면받는다. 신중한 사람은 특히 바쁜 사람들, 특히 권력을 가진 이들을 지치게 하지 않도록 조심해야 한다. 그들을 불쾌하게 만드는 것은 세상의 모든 사람을 실망시키는 것보다 더 큰 위험을 초래할 수 있다. 잘 정리된 말은 빠르게 전달되며, 짧고 강한 표현이 더 큰 영향력을 발휘한다.

진정한 평가는 우연한 행운이 아니라, 탁월한 재능과 역량에서 비롯된다

행운을 드러내지 마라. 능력보다 높은 지위에 대한 자부심을 지나치게 강조하면 반감을 살 수 있다. 자신이 '위대한 사람'처럼 행동하는 것은 오히려 거부감을 일으키며, 남들에게 부러움을 자랑하면 질투를 키울 뿐이다. 타인의 존경을 얻으려 지나치게 애쓰면 오히려 더 멀어질 것이다. 존경은 강요한다고 얻어지는 것이 아니라, 스스로 자격을 갖추고 인내하며 기다릴 때 자연스럽게 따라오는 것이다. 중요한 직책에는 품격과 무게감이 필요하며, 그것은 직무 수행에 꼭 필요한 요소만 유지해야 한다. 직책의 가치를 과하게 드러내려 하지 말고, 그 역할을 원활하게 수행하는 것에 집중하라. 스스로 바쁜 모습을 보이며 애쓰는 사람일수록 정작 그 자리에 걸맞지 않다는 인상을 줄 수도 있다. 성공하고 싶다면 겉치레가 아니라 실력으로 이루어야 한다. 심지어 왕조차도 화려한 의전이 아니라 그의 인품과 품격으로 존경받아야 한다.

의심은 일을 철저히 준비하게 만들고,

예기치 않은 상황에 대비할 수 있도록 돕는다

스스로를 지나치게 과신하지 마라. 자신에게 불만이 가득한 것도 나약함이지만, 과도한 만족감에 빠지는 것은 더욱 어리석다. 자기만족은 대개 무지에서 비롯되며, 순간적인 기쁨을 줄 수는 있어도 결국 평판을 망칠 뿐이다. 타인의 뛰어난 성취를 알아보지 못하는 사람은 자신의 평범함에 안주하게 된다. 신중함은 언제나 유용하며, 성공을 돕기도 하고 실패했을 때 위로가 되기도 한다. 미리 위험을 염두에 두면 어떤 좌절도 놀랍지 않을 것이다. 심지어 호메로스도 실수를 했으며, 알렉산더 대왕조차 결국 자신의 운명과 망상 속에서 무너졌다. 모든 것은 상황에 따라 변한다. 때로는 성공하고, 때로는 실패한다. 하지만 어리석은 자는 텅 빈 만족감에 도취되어 끝없이 방심할 뿐이다.

완성된 사람이 되는 지름길은
교제에 있다

진정한 성장을 이루는 가장 빠른 길은 올바른 사람들과 함께 하는 것이다. 우리는 주변 사람들의 영향을 받으며, 그것이 인식하지 못하는 사이에 우리의 습관과 취향, 심지어 지성까지도 변화시킨다. 성급한 사람은 신중한 이들과 어울리며 균형을 찾고, 신중한 사람은 활기찬 이들과 교류하며 더욱 조화를 이루어야 한다. 그렇게 하면 억지로 애쓰지 않아도 자연스럽게 절제와 균형을 배울 수 있다. 자신을 조율하는 것은 쉽지 않지만, 이는 반드시 익혀야 할 중요한 기술이다. 우주는 상반된 요소들이 어우러져 아름다움을 이루며, 인간 사회 역시 조화를 통해 질서를 유지한다. 친구와 조력자를 선택할 때 이 원칙을 염두에 두라. 다양한 특성을 지닌 사람들과 교류하며 신중하고 균형 잡힌 삶을 만들어 갈 수 있을 것이다.

비난하지 말고, 관대함을 배워라

다른 사람을 함부로 비난하지 마라. 성격이 거친 사람들은 사소한 일에도 죄를 묻듯 반응하며, 이는 단순한 감정이 아니라 그들의 본성에서 비롯된다. 그들은 누구에게나 흠을 찾으려 하고, 이미 저지른 일뿐만 아니라 앞으로 저지를 일까지 문제 삼는다. 이는 단순한 엄격함을 넘어 비열한 태도를 드러낸다. 작은 실수를 과장해 남을 공격하고, 사소한 결점을 빌미로 타인을 곤경에 빠뜨리는 것은 옳지 않다. 마치 감시자인 양 군림하며 평온한 분위기를 긴장감으로 물들이는 사람도 있다. 감정에 휩싸이면 모든 것을 극단으로 몰아가고, 사소한 실수조차 용납하지 않는다. 하지만 온화한 사람은 너그러움을 지니고 있으며, 타인의 실수를 선한 의도에서 비롯된 것으로 이해하고 기꺼이 용서할 줄 안다.

미인은 거울 속 자신의 모습이 낯설어지기 전에 스스로 거울을 깨뜨린다

적절한 순간에 스스로 물러날 줄 알아야 한다. 신중한 사람들은 떠나야 할 때를 알고 있으며, 상황이 자신을 밀어내기 전에 먼저 결정을 내린다. 퇴장은 단순한 끝맺음이 아니라, 승리처럼 우아하게 만들어야 한다. 태양도 때로는 구름 뒤로 숨으며, 사라진 것인지 아닌지 의문을 남긴다. 불운이 닥치기 전에 스스로 물러나는 것이 현명하다. 사람들이 등을 돌릴 때까지 기다리지 마라. 그들이 너를 잊고 평가절하하기 전에 먼저 움직여야 한다. 신중한 사람들은 경주마가 쓰러지기 전에 적절한 시점에 은퇴시킨다. 그렇지 않으면 경주 도중 쓰러져 조롱받게 될 뿐이다. 아름다움도 거울이 더 이상 그 가치를 반영해 주지 않기 전에 내려놓아야 하며, 늦어 후회를 남기지 않도록 해야 한다.

친구는 인생의 동반자이자,
가장 든든한 힘이다

　좋은 친구를 사귀어라. 친구는 또 다른 자아와 같으며, 함께할 때 삶이 더욱 풍요로워진다. 진정한 관계 속에서 너의 가치는 더욱 빛나며, 사람들의 신뢰와 호감을 얻어야 그들의 입에서도 좋은 말이 나오는 법이다. 타인을 돕는 것보다 사람의 마음을 얻는 일이 더 중요한데, 친구를 얻는 가장 좋은 방법은 스스로 친구처럼 행동하는 것이다. 우리가 가진 가장 소중한 것은 결국 타인과의 관계 속에 있다. 우리는 친구와 함께 살아가든지, 적과 함께 살아가든지 둘 중 하나를 선택해야 한다. 그러므로 매일 한 명씩 친구를 만들어라. 비록 깊은 인연으로 이어지지 않더라도, 최소한 지지자는 될 수 있다. 하지만 친구를 사귀는 일은 단순한 숫자의 문제가 아니다. 신중하게 사람을 선택하라. 그러면 결국 너에게 남는 것은 신뢰할 수 있는 몇몇이 될 것이다.

호의를 얻는 것이 성공의 열쇠다

사람들의 호의를 얻어라. 가장 위대한 인물들조차 중요한 일을 할 때는 이 방법을 활용한다. 명성은 사람들의 애정을 바탕으로 형성되며, 호의는 성공을 앞당기는 강력한 힘이 된다. 어떤 사람들은 자신의 재능만으로 충분하다고 믿고 노력의 가치를 간과하지만, 신중한 사람은 호의의 힘이 재능을 더욱 빛나게 만든다는 사실을 안다. 호의는 모든 일을 더 쉽게 풀어나가게 하며, 용기와 성실, 지혜뿐만 아니라 신중함까지도 보완해 준다. 호의를 가진 사람은 상대의 단점을 보지 않으며, 보고 싶지 않기 때문이다. 호의는 보통 성향, 혈통, 가족, 국가, 직업의 공통점에서 비롯되며, 정신적 영역에서는 재능과 인정, 명성과 가치를 부여하는 요소가 된다. 한 번 얻기는 어렵지만, 일단 얻으면 유지하는 것은 상대적으로 쉽다. 그러나 호의를 얻는 것만큼이나 그것을 적절히 활용하는 방법을 아는 것도 중요하다.

좋은 시절일수록 역경을 대비하라. 여름에 겨울을 준비하는 것이 현명하듯, 운이 좋을 때 미리 대비하는 것이 가장 안전한 길이다. 이때는 적은 노력으로도 큰 도움을 받을 수 있으며, 작은 호의만으로도 깊은 우정을 쌓을 수 있다. 그러나 어려운 시기가 닥치면 모든 것이 부족해지고, 평소에는 쉽게 해결할 수 있던 일도 큰 희생을 요구한다. 그러므로 미리 사람들과의 관계를 돈독히 하고, 감사할 줄 아는 이들을 곁에 두어라. 지금은 별 의미 없어 보일 수 있지만, 막상 힘든 순간이 오면 그들의 존재가 얼마나 소중한지 깨닫게 될 것이다. 반면, 번영할 때 교만한 사람들은 친구를 소홀히 여기고, 그들의 진심을 알아보려 하지 않는다. 하지만 역경이 닥치면 상황은 완전히 달라진다. 그때 가서야 자신이 외롭다는 사실을 깨닫고, 필요할 때 곁에 있어 줄 사람이 없다는 것을 후회하게 된다.

경쟁은 평판에 흠집을 내고,
대립은 명예를 훼손시킨다

불필요한 경쟁에 휘말리지 마라. 경쟁에 집착하면 너의 명성이 손상될 위험이 크다. 경쟁자는 너의 결점을 집요하게 파헤쳐 깎아내리려 하며, 공정한 싸움을 기대하기는 어렵다. 라이벌 관계는 평소 숨겨져 있던 흠까지도 드러나게 만든다. 많은 사람들이 경쟁자가 나타나기 전까지는 좋은 평판을 유지했지만, 대립이 시작되면 묻혀 있던 오점이 다시 떠오르고, 과거의 실수까지 들춰진다. 경쟁은 결점을 드러내는 것으로 시작되며, 상대는 이용할 수 있는 모든 것, 심지어 도의적으로 넘지 말아야 할 선까지도 활용하려 한다. 그러나 결국 얻는 것은 명예로운 승리가 아니라, 소모적인 다툼과 비열한 복수심뿐이다. 불필요한 싸움에 휘말리기보다는 평온한 태도로 품위를 유지하고, 너그러운 자세로 명성을 지켜라. 가장 현명한 승리는 경쟁을 피하는 것이다.

가까운 사람들의 단점을 자연스럽게 받아들여라. 처음에는 거슬리던 얼굴도 시간이 지나면 익숙해지듯, 함께해야 하는 관계에서는 실용적인 접근이 필요하다. 세상에는 쉽게 멀어질 수도, 그렇다고 완전히 단절할 수도 없는 성격이 까다로운 사람들이 있다. 그들과 원만하게 지내려면 공존하는 법을 익혀야 한다. 신중한 사람은 이러한 불편한 성향을 미리 예상하고 적절히 대응하는 법을 배운다. 처음에는 불쾌하거나 당황스러울 수 있지만, 시간이 지나면서 점차 무뎌지고, 예상치 못한 순간에 감정이 흔들리는 일을 줄일 수 있다. 결국 중요한 것은 그들의 결점에 집중하기보다 균형을 찾아 편안한 관계를 유지하는 것이다.

항상 신뢰할 수 있는 사람들과 교제하라

항상 신뢰할 수 있는 사람들과 교제하라. 원칙을 지키는 사람들과 함께하면 공정한 관계를 유지할 수 있으며, 그들의 신뢰를 얻는 것이 무엇보다 중요하다. 그들은 반대할 때조차도 공정하게 행동하며, 언제나 자신의 신념에 따라 움직인다. 올바른 방식으로 경쟁하는 것이 악한 자를 이기는 것보다 훨씬 낫다. 반면, 정직하지 않은 사람들과는 결코 함께할 수 없다. 그들은 책임감을 느끼지 않으며, 진정한 우정을 쌓을 수도 없다. 겉으로 화려한 말을 한다 해도, 그것이 진실에서 비롯되지 않았다면 아무런 가치가 없다. 명예를 소중히 여기지 않는 사람은 덕 또한 존중하지 않으며, 결국 신뢰를 저버리게 된다. 그러므로 진실을 지키는 사람들과 함께해야 한다. 그래야만 공정한 관계를 유지하며 안정적인 협력을 지속할 수 있다.

자신에 대한 이야기는 신중해야 한다. 스스로를 칭찬하면 자만으로 보이고, 지나치게 낮추면 가식적인 겸손으로 비칠 수 있다. 이는 결국 분별력 부족을 드러내며, 듣는 사람에게 불편함을 줄 뿐이다. 특히 공적인 자리에서는 더욱 조심해야 한다. 높은 위치에 있을수록 대중 앞에서 말할 기회가 많아지는데, 이때 조금이라도 허영을 드러내면 어리석어 보일 수 있다. 또한, 다른 사람에 대해 이야기할 때도 신중해야 한다. 칭찬이 아첨으로 오해될 수도 있고, 비판은 쉽게 험담으로 변할 수 있기 때문이다. 말은 자신을 드러내는 중요한 수단이지만, 때로는 침묵이 더 큰 신뢰와 존경을 가져온다는 점을 기억해야 한다.

예의 바른 태도는 좋은 평판을
만드는 가장 쉬운 방법이다

예의 바른 태도는 좋은 평판을 만드는 가장 쉬운 방법이다. 예의는 사람들에게 호감을 주는 강력한 힘을 가지며, 마치 마법처럼 누구에게나 통한다. 반면, 무례한 태도는 멸시와 불쾌감을 불러올 뿐이다. 특히, 교만한 태도로 남을 무시하는 것은 혐오감을 주고, 교양이 부족한 무례함은 쉽게 경멸받는다. 예의는 부족한 것보다 차라리 넘치는 것이 낫다. 그러나 모든 사람에게 똑같이 대하는 것이 항상 좋은 것은 아니다. 상대와 상황에 맞게 적절한 태도를 유지하는 것이 중요하다. 심지어 적에게도 예의를 갖추어 대하면, 그것이 얼마나 강력한 무기가 될 수 있는지 알게 될 것이다. 예의는 돈이 드는 것도 아니면서, 큰 보상을 가져다준다. 남을 존중하는 사람은 결국 존중받게 되며, 예의를 베풀어도 자신이 잃는 것은 없다. 오히려 더 많은 것을 얻게 된다.

스스로 미움을 사지 마라

불필요하게 미움을 살 필요는 없다. 미움은 만들지 않아도 저절로 생긴다. 어떤 사람들은 이유 없이 누군가를 싫어하며, 정작 자신이 왜 그런 감정을 가지는지도 모른다. 호감을 얻는 것은 어렵지만, 악의는 순식간에 퍼진다. 복수심은 탐욕보다 더 빠르고 강하게 사람을 해친다. 일부러 남들의 미움을 사려는 사람들도 있다. 그들은 남을 괴롭히려 하거나, 자신의 불쾌한 감정을 해소하려 하기 때문이다. 하지만 이런 행동은 결국 자신에게 해가 된다. 한 번 생긴 증오는 쉽게 사라지지 않으며, 나쁜 평판처럼 오래 남는다. 사람들은 신중한 이를 조심스러워하고, 험담하는 사람을 싫어하며, 거만한 사람을 경계하고, 가벼운 사람을 피하지만, 진정으로 뛰어난 사람에게는 존경을 보낸다. 존중받고 싶다면 먼저 존중을 베풀고, 성공하고 싶다면 먼저 타인에게 관심과 배려를 베풀어라.

현실적인 삶을 살아라

현실에 맞게 살아라. 지식은 실생활에서 유용하게 활용될 때 비로소 가치가 있다. 너무 특별해 보이면 오히려 부담을 줄 수 있으니, 필요할 때만 드러내는 것이 현명하다. 세상이 변하면 사고방식과 취향도 달라진다. 과거에 집착하지 말고 시대의 흐름을 받아들이며 적응해야 한다. 대중의 변화를 이해하고 유연하게 대처하는 것이 성공으로 가는 길이다. 현명한 사람은 과거가 아무리 매력적으로 보일지라도 현재에 맞춰 살아갈 줄 안다. 이는 사고방식뿐만 아니라 외적인 모습에도 적용된다. 그러나 선한 행동만큼은 시대가 바뀌어도 지켜야 할 가치다. 정직하고 올바르게 사는 것은 시대가 어떻게 변하든 흔들리지 말아야 한다. 하지만 요즘은 진실을 말하고 약속을 지키는 것이 오히려 구시대적인 태도로 여겨지는 현실이 안타깝다. 올곧은 사람들은 마치 좋았던 옛 시절의 유물처럼 남아 있지만, 점점 보기 어려워지고 쉽게 따라 하기도 어려워졌다. 세상은 점점 선보다 악이 더 많아지는 듯하다. 그렇다고 해서 자신의 뜻대로만 살려고 하면 현실에서 버티기 어렵다. 신중한 사람은 상황에 맞춰 최선의 선택을 할 줄 알아야 한다. 운명이 주어진 것은 기꺼이 받아들이고, 갖지 못한 것에 얽매이지 마라.

2부

성공과 균형의 길

제7장 인간관계에서의 지혜

문제가 아닌 것을
문제로 만들지 마라

사소한 일에 지나치게 얽매이지 마라. 어떤 사람들은 모든 일을 가볍게 넘기는 반면, 어떤 사람들은 사소한 문제에도 과하게 집착하며 복잡하게 만든다. 이들은 작은 문제를 논쟁거리로 만들고, 중요하지 않은 일에도 불필요한 의미를 부여한다. 그러나 대부분의 문제는 깊이 신경 쓸 필요가 없다. 군이 개입하지 않아도 자연스럽게 해결되는 경우가 많다. 오히려 사소한 일에 지나친 관심을 기울이면, 그것이 불필요하게 커지는 경우도 있다. 처음에는 하찮았던 문제가 과도한 반응으로 인해 과장되기도 한다. 문제를 빠르게 해결하는 것이 좋을 때도 있지만, 불필요하게 손대다 보면 상황이 더 악화될 수도 있다. 잘못된 개입이 오히려 문제를 키우는 경우도 많다. 결국, 인생에서 중요한 지혜 중 하나는 '때로는 그냥 두는 것이 최선'이라는 사실을 아는 것이다.

말과 행동을 다스려라

말과 행동을 능숙하게 다스릴 수 있도록 하라. 이는 어디서든 길을 열어 주고, 빠르게 존경을 얻는 데 도움이 된다. 단순히 대화나 연설뿐만 아니라, 걷는 방식, 시선, 태도, 심지어 욕망까지도 타인에게 영향을 미친다. 사람들의 마음을 사로잡는 것은 강력한 힘이지만, 과한 대담함이나 지나친 엄숙함으로 인해 부담을 주어서는 안 된다. 진정한 권위는 자연스럽게 드러나야 하며, 그것은 우월한 인격과 뛰어난 재능이 조화를 이룰 때 비로소 완성된다.

123 겸손 속에서 탁월함을 감추는 사람만이
진정으로 빛난다

자연스럽게 빛나는 사람이 되어라. 진정한 재능이 있는 사람일수록 과장이나 꾸밈이 필요 없다. 인위적인 장식은 오히려 불편함을 주고, 본인에게도 부담이 될 뿐이다. 지나치게 꾸미려는 태도는 결국 피로로 이어지며, 외적인 모습에 지나치게 신경 쓰는 것은 스스로를 속박하는 일이 된다. 뛰어난 능력도 과하게 포장하면 그 가치가 퇴색된다. 사람들은 자연스러운 우아함을 좋아하지만, 인위적으로 연출된 것은 쉽게 간파되며 부자연스럽게 여겨진다. 진정한 매력은 꾸며낸 것이 아니라 자연스러움에서 나온다. 꾸미려 하면 할수록 원하는 이미지와 실제 모습이 어색하게 어긋나 보이기 마련이다. 능력이 뛰어날수록 오히려 그 노력을 드러내지 않아야 하며, 그래야만 완벽함이 자연스럽게 빛난다. 하지만 너무 꾸밈을 경계하다가 오히려 '있는 그대로의 모습'을 과장하는 실수를 범해서도 안 된다. 신중한 사람은 자신의 장점을 일부러 강조하지 않지만, 오히려 그 자연스러움이 더 큰 주목을 받는다. 진정으로 탁월한 사람은 자신의 우월함을 내세우지 않기에 더욱 빛나며, 남들과 다른 방식으로 박수를 받는다.

남들이 탐내는 사람이 돼라

　꼭 필요한 사람이 되어라. 사람들은 대체로 타인에게 깊은 관심을 두지 않으며, 대중의 호의를 얻기는 쉽지 않다. 하지만 지혜로운 사람들의 인정을 받는 것만으로도 충분한 가치가 있다. 한 사람이 같은 자리에 오랫동안 머물면 주변의 관심이 시들해지기 마련이지만, 이를 극복하는 방법이 있다. 바로 자신의 직업에서 두드러진 역량을 보이거나, 타고난 재능을 발휘하는 것이다. 또한, 다정하고 배려 깊은 태도는 좋은 인상을 남긴다. 중요한 것은 자신의 뛰어난 능력을 사람들이 신뢰하고 의존할 수 있는 요소로 만드는 것이다. "그 직책이 그를 필요로 했다"는 평가를 받을 수 있도록 하라. 어떤 사람은 자신의 능력으로 직책의 가치를 높이고, 어떤 사람은 직책 덕분에 명성을 얻는다. 그러나 후임자가 형편없어서 상대적으로 나아 보이는 것은 진정한 존경이 아니다. 마찬가지로 누군가가 미움을 받는다고 해서 반드시 네가 꼭 필요한 사람이라는 뜻도 아니다. 진정한 필요성은 실력과 품격에서 비롯된다.

남의 결점에 집착하지 마라

남의 흠을 들추지 마라. 타인의 결점을 지적하는 것은 결국 자신의 품격을 낮추는 일이다. 어떤 이들은 자신의 단점을 감추거나 희석하기 위해 남의 약점을 들춰내며, 심지어 그것으로 스스로를 위로하려 한다. 그러나 이는 지혜로운 태도가 아니다. 그런 행동은 불쾌감을 줄 뿐만 아니라, 마치 오염된 웅덩이처럼 자신도 점점 더 부정적인 감정에 휩싸이게 만든다. 누구나 크고 작은 결점을 가지고 있으며, 단지 그것이 드러나지 않았을 뿐이다. 남의 약점을 나열하는 것은 결국 자신을 천박한 사람으로 만들 뿐이다. 신중한 사람은 타인의 단점을 군이 기억하지 않으며, 남의 실수를 들추기보다는 자신의 품격을 지키는 데 집중한다.

진정한 어리석음은 실수를 저지르는 것이 아니라, 그것을 숨
길 줄 모르는 것이다. 누구나 실수를 하지만, 현명한 사람은 이
를 드러내지 않고 조용히 극복하는 반면, 어리석은 사람은 아직
저지르지도 않은 실수를 미리 떠벌린다. 중요한 것은 감정을 다
스리는 것뿐만 아니라, 자신의 결점을 현명하게 관리하는 것이
다. 명성은 단순히 행동에서만 비롯되는 것이 아니라, 신중함과
절제에서도 나온다. 완벽할 수 없다면 적어도 신중해야 한다. 위
대한 사람들의 실수는 마치 태양과 달의 식처럼 모든 이의 주목
을 받는다. 그러므로 자신의 약점을 친구에게조차 함부로 털어
놓지 말고, 가능하다면 스스로도 지나치게 의식하지 마라. 그리
고 또 하나의 중요한 법칙이 있다. 때로는 잊는 것이 가장 현명
한 선택이다.

은밀한 매력으로 완벽함을 완성하라

모든 일에 우아함과 품격을 더하라. 그것은 재능을 더욱 돋보이게 하고, 말에 생동감을 불어넣으며, 행동에 깊이를 더해 능력을 빛나게 만든다. 다른 완벽한 요소들이 자연의 장식이라면, 우아함은 그 완벽함을 더욱 돋보이게 하는 힘이다. 사고를 깊이 있게 만들고, 단순한 노력보다 타고난 특권처럼 보이게 하며, 기교를 뛰어넘는 세련된 감각을 부여한다. 단순한 기술보다 더 빠르게 영향력을 발휘하며, 화려함조차 능가하는 힘이 있다. 우아함은 자신감을 높이고, 완벽함을 자연스럽게 쌓아 올린다. 그것 없이는 아름다움도 빛을 잃고, 품격도 흔들린다. 능력과 신중함, 지혜, 그리고 위엄을 넘어 우아함은 일을 성취하는 가장 세련된 방법이자, 모든 난관을 우아하게 극복하는 가장 정교한 길이다.

고결한 마음을 가져라. 이는 영웅적 기질의 핵심이자, 모든 위대함의 근원이다. 고결한 정신은 시야를 넓히고, 사고를 깊게 하며, 품격을 더욱 빛나게 만든다. 또한, 인간의 가능성을 극대화하며 진정한 위엄을 실현하는 힘이 된다. 이 기질은 어디서든 돋보이며, 때때로 운명의 방해를 받지만, 그럴수록 더욱 강하게 빛난다. 환경이 우리의 한계를 정할지라도, 고결한 의지는 스스로를 다스리며 결코 굴복하지 않는다. 관대함과 너그러움, 그리고 모든 고귀한 자질은 바로 이 숭고한 정신에서 비롯된다.

불평은 자제하라,
긍정으로 기회를 만들어라

불평하지 마라. 불평은 신뢰를 떨어뜨릴 뿐만 아니라, 연민을 얻기보다는 냉소와 무시를 부를 가능성이 크다. 사람들은 불평하는 이를 동정하기보다는 외면하거나 조롱하기도 한다. 또한, 너의 불만이 오히려 가해자의 잘못을 정당화하는 빌미가 될 수도 있다. 어떤 이는 과거의 모욕을 곱씹으며 스스로 새로운 상처를 만들고, 위로나 도움을 기대하지만, 듣는 사람들은 오히려 그들의 불행을 조소하거나 경멸할 뿐이다. 차라리 받은 은혜를 이야기하여 더 많은 호의를 이끌어 내라. 존경과 도움을 받고 싶다면, 네가 받은 친절을 먼저 알리는 것이 현명하다. 신중한 사람은 불명예와 모욕을 퍼뜨리는 대신, 자신이 받은 존경과 호의를 강조함으로써 더 많은 지지자를 얻는다. 그렇게 하면 자연스럽게 친구는 늘고, 적은 줄어들 것이다.

행동과 표현은
가치의 배가를 만든다

행동하되, 그 가치를 제대로 드러낼 줄 알아야 한다. 세상은 사물의 본질이 아니라, 겉으로 보이는 모습에 따라 평가한다. 뛰어난 능력을 갖추는 것만큼이나, 그것을 효과적으로 표현하는 것도 중요하다. 보이지 않는 것은 존재하지 않는 것이나 다름없다. 심지어 이성도 합리적인 외형을 갖추지 않으면 존중받기 어렵다. 세상에는 신중한 사람보다 쉽게 속는 사람이 더 많으며, 사람들은 실체보다 겉모습을 보고 판단한다. 기대와 실제가 다를 때조차도, 잘 꾸며진 외형이 더 큰 영향을 미친다. 그러므로 내면의 완벽함을 가장 효과적으로 전달하는 방법은 그것을 적절히 드러내는 것이다.

고상한 정신의 품격

　고결한 정신은 마음의 품격을 결정한다. 마치 옷이 외면을 꾸미듯, 강인한 기백과 대담함은 내면을 빛나게 한다. 하지만 이러한 고귀한 성품은 누구나 가질 수 있는 것이 아니며, 깊은 이해와 너그러움을 필요로 한다. 진정으로 고결한 사람은 적에 대해서도 선한 말을 할 줄 알며, 더 나아가 행동으로 그것을 실천한다. 특히 복수할 기회가 왔을 때, 그는 감정에 휘둘리지 않고 더욱 위대한 선택을 한다. 복수를 단순히 피하는 것이 아니라, 그 순간을 이용해 예상치 못한 관대함으로 승화시켜 상대가 자연스럽게 존경할 수밖에 없도록 만든다. 이러한 고결한 태도는 사람을 다스리는 데 있어 가장 중요한 요소이며, 정치에서도 가장 위대한 미덕이 된다. 또한, 진정한 승자는 자신의 성공을 과시하지 않으며, 실력으로 얻은 성취일수록 더욱 신중하게 감출 줄 아는 지혜를 지닌다.

두 번 생각하라,
그리고 신중하게 결정하라

결정을 내리기 전에 신중하게 다시 생각하라. 깊이 있는 재검토는 실수를 줄이고 더 나은 선택을 이끌어낸다. 양보할 것인지 더 나은 결과를 얻을 것인지 충분히 고민하면, 판단이 더욱 분명해지고 새로운 대안을 찾을 기회도 생긴다. 무엇을 베풀 때는 신중하게 고려한 선물이 성급하게 건넨 것보다 더 큰 가치를 지니며, 오랫동안 바라던 것은 더욱 소중하게 받아들여진다. 반대로 거절해야 할 때는 표현 방식을 신중히 조절해 '아니오'라는 말을 부드럽게 전달하라. 그러면 상대방도 덜 상처받고 받아들이기 쉬워진다. 대부분의 경우 처음에는 강렬했던 욕망도 시간이 지나면서 차츰 누그러지며, 그때는 거절을 받아들이는 것이 훨씬 수월해진다. 누군가 성급하게 요청하면, 오히려 천천히 응답하라. 이렇게 하면 상대의 관심을 유지하고 기대감을 조절할 수 있다.

다수의 흐름에 맞춰라,
그러나 스스로를 잃지는 마라

모두가 미쳐 있다면, 오히려 정상적인 사람이 비정상으로 보일 수도 있다. 정치가들은 차라리 다수와 함께 미치는 것이 혼자만 온전한 것보다 낫다고 말한다. 결국 중요한 것은 흐름을 따르는 것이다. 때로는 가장 현명한 태도가 모르는 척하는 것이며, 때로는 아예 모르는 편이 더 유리할 수도 있다. 우리는 사회 속에서 살아가야 하며, 세상의 대다수는 무지를 공유한다. 만약 홀로 살아가려면 신과 같은 초월적 존재가 되거나, 완전히 야만적이어야 한다. 그러나 나는 이 격언을 이렇게 바꾸고 싶다. 차라리 다수와 함께 온전한 것이 혼자서만 미친 것보다 낫다고. 어떤 사람들은 허황된 것을 좇으며 단순히 남들과 다르다는 이유만으로 특별해지려 하지만, 진정한 탁월함은 군중 속에서도 균형을 유지하는 데 있다.

삶의 기반을 다양하게 마련하라

삶에서 중요한 것들은 한 가지만 의지하지 말고 두 배로 준비하라. 그러면 삶의 안정도 그만큼 커질 것이다. 단 하나의 선택에 기대지 말고, 아무리 귀중하고 뛰어난 것이라도 하나의 자원에만 만족하지 마라. 특히 이익, 호의, 그리고 기쁨의 원천을 다양하게 확보해야 한다. 달이 끊임없이 변하며 영속성의 한계를 보여주듯, 인간의 운명 또한 예측할 수 없이 변화한다. 모든 것이 불확실한 세상에서 미리 대비하는 것이야말로 지혜다. 행복과 이익의 기반을 넓히는 것은 삶을 더욱 안정적으로 만드는 중요한 원칙이다. 자연이 우리에게 중요한 기관과 신체의 일부를 쌍으로 주었듯이, 우리의 지혜 또한 필수적인 것들을 두 개씩 준비하는 방향으로 작동해야 한다. 그래야만 뜻하지 않은 상황에서도 쉽게 흔들리지 않을 수 있다.

항상 반박하지 마라,
지혜는 침묵 속에 있다

불필요한 반대는 피하라. 쓸데없는 논쟁은 스스로에게 불필요한 짐을 지우는 것과 같다. 신중하게 행동하며 불필요한 갈등을 피하는 법을 익혀라. 모든 일에 이의를 제기하는 태도는 때로 재치 있어 보일 수 있지만, 지나치게 고집을 부리는 사람은 결국 어리석어 보일 뿐이다. 어떤 사람들은 가벼운 대화를 논쟁으로 만들고, 가까운 이들에게조차 낯선 사람보다 더 불편한 존재가 된다. 사소한 반박이 즐거운 시간을 망치고, 의미 없는 논쟁이 관계를 멀어지게 만든다. 때와 장소를 가리지 않고 반대하는 태도는 결국 불필요한 적개심을 불러오고, 인간적인 매력을 잃게 만든다. 현명한 사람은 굳이 불필요한 싸움을 벌이지 않고, 꼭 필요한 순간에만 자신의 의견을 분명히 밝힌다.

핵심을 파악하라,
길은 거기에 있다

핵심을 정확히 파악하라. 많은 사람들은 작은 부분에만 집중하다가 전체를 보지 못하거나, 불필요한 일에 시간을 허비하며 정작 중요한 것을 놓친다. 그들은 쓸데없이 말과 논리를 늘어놓으며 스스로를 지치게 하고, 타인에게도 피로감을 준다. 그러나 정작 문제의 본질은 제대로 짚어내지 못한다. 이는 사고가 혼란스러운 사람들에게 자주 나타나는 특징으로, 핵심을 파악하기보다 주변을 맴돌며 시간을 낭비하는 경향이 있다. 결국 중요한 순간이 닥쳐서야 시간이 부족하다는 사실을 깨닫는다. 현명한 사람은 상황을 빠르게 분석하고, 본질적인 문제에 집중하며, 가장 효과적인 해결책을 찾아낸다.

현명한 사람은 스스로를 최고의 동반자로 삼는다

지혜로운 사람은 스스로 만족할 줄 안다. 어떤 이는 자신의 모든 것을 자기 안에 간직하고 다녔다. 진정한 친구, 완벽한 동반자는 때로 한 나라를 대표할 수도 있고, 더 나아가 온 세상을 대신할 수도 있다. 그러니 너 자신이 그런 존재가 되어라. 그러면 외부에 의존하지 않고도 살아갈 수 있을 것이다. 네 취향과 통찰력이 누구보다 뛰어나다면, 굳이 다른 이들에게 기대야 할 이유가 있는가? 오직 자신을 믿고 의지하라. 가장 큰 행복은 최고의 존재를 닮아가는 것이다. 스스로의 힘으로 살아가는 사람은 결코 외로운 존재가 아니다. 오히려 그는 진정한 현자이며, 신에 가까운 삶을 살아가는 것이다.

내버려두는 지혜가 때로는
최고의 해결책이다

  그냥 두어라. 특히 갈등이 커지고 감정이 격해질 때는 더욱 그렇다. 인간관계에서는 예상치 못한 소란이 발생하기 마련이다. 친구든 지인이든, 불필요한 개입보다는 한 걸음 물러서서 상황이 가라앉기를 기다리는 것이 현명하다. 문제를 해결하려는 시도가 오히려 사태를 더 악화시킬 수도 있다. 자연스럽게 흘러가도록 두어라. 뛰어난 의사는 언제 치료해야 하는지만 아는 것이 아니라, 언제 손을 떼야 하는지도 안다. 때로는 아무것도 하지 않는 것이 가장 현명한 선택이 된다. 불필요한 소란을 잠재우는 가장 좋은 방법은 조용히 기다리는 것이다. 당장은 인내하며 지켜보되, 결국 더 나은 결과가 찾아올 것이다. 흐르는 시냇물에 손을 대면 오히려 더 탁해질 수 있다. 그러나 가만히 두면 자연스럽게 맑아진다. 혼란을 바로잡는 가장 좋은 방법은, 그것이 스스로 해결될 기회를 주는 것이다.

좋은 날과 나쁜 날을 읽어라,
운은 흐름을 탄다

운이 따라주지 않는 날이 있다는 걸 알아차려야 한다. 그런 날은 아무리 애를 써도 일이 뜻대로 풀리지 않는다. 방법을 바꿔도 효과가 없고, 노력해도 결과는 달라지지 않는다. 운을 몇 번 시험해 보고도 상황이 나아지지 않는다면 차라리 물러나는 것이 최선이다. 우리의 사고력에도 흐름이 있으며, 누구도 언제나 완벽한 판단을 내릴 수는 없다. 좋은 아이디어가 떠오르는 것도, 훌륭한 글이 써지는 것도 결국 적절한 타이밍이 뒷받침되어야 한다. 완벽함이 빛을 발하려면 때를 맞춰야 하고, 아름다움조차도 시기를 잘 만나야 더욱 돋보인다. 신중함도 항상 균형을 유지하는 것이 아니라 때때로 과하게 나서거나, 반대로 지나치게 위축되기도 한다. 모든 일이 잘 풀리려면 적절한 순간이 중요하다. 어떤 날은 아무리 해도 일이 꼬이지만, 또 어떤 날은 적은 노력만으로도 원하는 바를 쉽게 이룰 수 있다. 그런 날에는 모든 것이 순조롭게 흘러가고, 생각은 명확하며, 기질도 조화를 이루어 마치 행운의 별이 된 듯한 기분이 든다. 이런 순간을 놓치지 말고 최대한 활용해야 한다. 하지만 작은 불운 하나로 그날 전체를 나쁜 날이라 단정 짓거나, 작은 행운 하나로 완벽한 날이라고 착각하는 것은 경솔한 판단이다.

행복은 좋은 점을 찾는 눈에서
시작된다

모든 것에서 좋은 점을 발견하는 법을 익혀라. 이는 안목 있는 사람만이 가진 특별한 능력이자, 행복을 누리는 가장 확실한 방법이다. 벌은 본능적으로 꿀을 찾아가지만, 독사는 독을 만들기 위해 쓴맛을 찾는다. 사람들의 태도도 이와 같다. 어떤 이는 사물에서 최선을 발견하려 하고, 어떤 이는 최악을 찾아내는 데 집중한다. 하지만 세상에는 어떤 것에서도 긍정적인 면이 존재하며, 특히 책에서는 상상력을 통해서라도 가치를 발견할 수 있다. 그러나 일부 사람들은 지나치게 부정적인 기질을 지녀, 수많은 장점 속에서도 단 하나의 결점을 찾아내 이를 부풀려 비난한다. 마치 예리한 통찰력을 증명하려는 듯 결점을 집요하게 들춰내지만, 이는 안목 부족에 대한 대가일 뿐이지 지혜의 증거가 아니다. 결국 그들은 스스로를 불행하게 만든다. 왜냐하면 그들의 기쁨은 쓴맛을 찾는 데 있으며, 세상의 불완전함 속에서 살아가려 하기 때문이다. 반면, 긍정적인 시선을 가진 사람들은 수많은 결점 속에서도 단 하나의 빛나는 요소를 발견하며 기쁨을 느낀다.

제8장 내면의 강점을 발견하는 법

자기 말만 하는 사람은
결국 고립된다

　자신의 생각만 고집하지 마라. 자신의 의견이 절대적으로 옳다고 믿으면, 타인의 의견을 무시하게 되고 결국 고립될 수밖에 없다. 혼자만 만족하고 다른 사람을 배려하지 않는다면, 그 만족은 아무 의미가 없다. 자기만족은 자칫 오만하게 보일 수 있으며, 결국 신뢰를 잃게 만든다. 그래서 어떤 사람들은 끊임없이 "내 말이 맞지?" 혹은 "알겠어?" 같은 말을 반복하며 타인의 동의를 구한다. 하지만 이는 스스로도 자신의 의견에 확신이 없다는 뜻일 뿐이다. 허영심이 강한 사람들은 이런 동의를 얻기 위해 자신의 주장을 과장하며, 그에 맞장구치는 이들은 "잘 말했다!"라며 불필요한 칭찬을 덧붙인다. 그러나 진정한 지혜는 자신의 생각만을 고집하는 것이 아니라, 타인의 의견을 열린 마음으로 수용하는 태도에서 비롯된다.

고집은 나쁜 선택으로
이끄는 함정이다

　잘못된 선택을 끝까지 고집하지 마라. 상대가 먼저 올바른 선택을 했다고 해서 무조건 반대하려는 태도는 결국 스스로를 실패로 이끌 뿐이다. 아직 싸움이 시작되기도 전에 불리한 입장에 놓이며, 끝내는 불명예로 마무리될 것이다. 좋은 것은 나쁜 것과 비교될 수 없으며, 상대가 최선의 선택을 먼저 했다는 사실을 인정하는 것이 오히려 더 현명한 태도다. 반면, 억지로 반대하며 잘못된 선택을 고수하는 것은 어리석은 행동이다. 특히 행동까지 고집하는 사람은 말로만 고집을 부리는 사람보다 더 큰 문제를 일으킨다. 고집이 센 사람들은 논리보다는 반박을, 유익함보다는 논쟁을 선호하는 경향이 있다. 그러나 현명한 사람은 처음부터 이성을 따르거나, 상황을 개선하며 점차 올바른 선택을 하게 된다. 만약 상대가 어리석다면, 자신의 고집 때문에 결국 스스로 입장을 바꿀 것이고, 더 불리한 상황에 빠지게 될 것이다. 상대를 옳은 자리에서 물러나게 하고 싶다면, 먼저 그 자리를 차지하라. 그러면 그의 어리석음이 스스로를 무너뜨릴 것이다.

진부함을 피하되,
기이함에 빠지지 마라

평범함을 피하려고 일부러 과장되거나 극단적인 주장을 내세우지 마라. 지나치게 극단적인 태도는 처음에는 관심을 끌 수 있지만, 시간이 지나면 신뢰를 잃고 부정적인 평가를 받게 된다. 사람들을 놀라게 하거나 새로운 시각을 제시하는 듯 보일 수는 있지만, 결국 억지스러운 논리와 신중하지 못한 판단을 감추는 수단이 될 뿐이다. 특히 정치에서는 이러한 태도가 국가를 위험에 빠뜨릴 수도 있다. 일부 사람들은 자신의 부족한 능력을 감추기 위해 의도적으로 역설적인 주장을 내세우며, 대중을 혼란스럽게 만든다. 그러나 이런 방식은 결국 스스로에 대한 신뢰를 무너뜨리고 존엄성까지 해칠 뿐이다. 진정으로 존경받고 싶다면, 억지로 독창성을 내세우려 하기보다 이치에 맞는 말과 행동으로 신뢰를 쌓아야 한다.

남의 문제를 활용해
자신의 목표를 이루어라

상대에게 양보하는 듯하다가 결국 원하는 것을 얻어라. 이것이 가장 효과적인 설득 전략이다. 기독교의 가르침에서도 강압적인 방식보다는 부드럽게 이끄는 태도를 강조한다. 이는 단순한 기만이 아니라, 상대의 마음을 열어 자연스럽게 설득하는 기술이다. 겉으로는 상대의 입장을 배려하는 듯 보이지만, 실은 자신의 목표를 이루기 위한 길을 열어야 한다. 특히 민감한 사안일수록 강한 반발을 불러일으키지 않도록 신중하게 접근해야 한다. 항상 "안 돼"라고 말하는 사람을 상대할 때는 더욱 조심해야 하며, 처음부터 정면으로 부딪히기보다는 의도를 감추고 접근하는 것이 효과적이다. 상대가 거부감을 느끼지 않도록 하면, 결국 스스로 "예스"라고 말하도록 유도할 수 있다. 이는 숨겨진 의도를 자연스럽게 전달하는 섬세한 전략과 연결되며, 신중한 접근이 요구되는 지혜로운 방식이다.

상처는 숨겨라,
약점은 지혜로 감춰라

손가락은 감추어라. 그렇지 않으면 계속해서 부딪히게 될 것이다. 자신의 취약점을 쉽게 노출해서는 안 된다. 세상에는 악의를 가진 사람들이 많으며, 그들은 언제나 상대의 가장 약한 부분을 겨냥해 상처를 주려 한다. 낙담한 모습을 보이면, 오히려 조롱과 공격의 대상이 될 뿐이다. 사람들은 교묘하게 상대의 약점을 파악하고, 이를 반복적으로 건드려 상처를 더욱 깊게 만든다. 현명한 사람은 이러한 악의적인 시도를 허용하지 않으며, 자신의 고통을 드러내지 않는다. 개인적인 상처든, 선천적인 약점이든, 감추는 것이 스스로를 보호하는 길이다. 때로는 운명조차 가장 취약한 부분을 시험하듯 집요하게 공격하기 때문이다. 오래된 기쁨을 지키고 싶다면 그것을 함부로 내보이지 마라. 반대로, 고통을 드러내면 그 무게는 더욱 무거워질 뿐이다.

내면을 들여다보라,
진리는 겉에 있지 않다

겉으로 보이는 것이 전부는 아니다. 피상적인 판단은 결국 실망을 초래하며, 신중하게 살펴보지 않으면 속임수에 쉽게 넘어갈 수 있다. 세상은 언제나 겉모습으로 사람들을 현혹하며, 어리석은 자들은 이를 그대로 받아들인다. 그러나 진실은 늘 늦게 도착하며, 시간이 지나야만 그 실체가 드러난다. 현명한 사람은 모든 것을 있는 그대로 믿지 않고, 항상 한쪽 귀를 진실을 위해 열어 둔다. 자연이 우리에게 두 개의 귀를 준 것은 신중하게 듣고 깊이 분별하라는 의미일 것이다. 속임수는 피상적인 곳에서 작동하며, 얕은 사람들은 쉽게 속는다. 하지만 분별력은 눈에 보이지 않는 곳에서 조용히 작용하며, 그것이야말로 진정으로 지혜로운 사람들의 미덕이다.

열린 마음이
진정한 지혜를 가져온다

  타인의 조언을 기꺼이 받아들여라. 누구나 실수할 수 있으며, 때로는 객관적인 시선이 필요하다. 다른 사람의 말을 듣지 않는 사람은 성장할 기회를 놓치고 결국 스스로를 고립시키게 된다. 아무리 독립적인 사람이라도 신뢰할 만한 친구의 충고를 받아들여야 하며, 심지어 군주조차 타인의 가르침을 수용한다. 어떤 이들은 조언을 거부하다가 잘못된 길에서 벗어나지 못하고 결국 무너지고 만다. 강한 의지를 가졌더라도, 타인의 도움을 받아들일 수 있도록 마음을 열어 두어야 한다. 우리는 모두 솔직한 조언을 건넬 수 있는 친구가 필요하며, 그런 관계는 신뢰를 바탕으로 형성된다. 하지만 아무에게나 의견을 구해서는 안 된다. 신중한 사람은 자신의 모습을 있는 그대로 비춰줄 수 있는 믿음직한 친구를 곁에 둔다. 그런 친구를 소중히 여긴다면, 자기 착각에 빠지는 실수를 피할 수 있을 것이다.

대화의 기술은 사람됨의 척도다

대화를 잘하는 법을 익혀라. 말은 인간의 품격을 보여주는 중요한 요소이며, 특히 신중함이 요구되는 영역이다. 사람은 말로 명성을 얻기도 하고 잃기도 한다. 글을 쓸 때는 충분한 고민과 수정이 가능하지만, 대화는 즉각적인 판단과 반응이 필요하기 때문에 더 큰 주의가 필요하다. 현명한 사람은 상대의 말투와 표현 방식을 통해 그의 사고 깊이를 알아차린다. "그 사람의 말을 들으면 어떤 사람인지 알 수 있다."는 말처럼, 말은 그 사람의 본모습을 드러낸다. 어떤 사람들은 특별한 기술 없이도 자연스럽게 대화를 잘 이끌어나가지만, 중요한 자리에서는 말의 무게와 깊이가 더욱 중요하다. 성공적인 대화를 위해서는 상대의 성향과 지적 수준을 고려해야 한다. 지나치게 말의 옳고 그름을 따지면 마치 문법 교사처럼 보이고, 사소한 실수를 지적하면 사람들은 대화 자체를 피하게 된다. 결국 대화에서 중요한 것은 화려한 웅변이 아니라 신중하고 균형 잡힌 태도다.

비난의 표적을 관리하는
지혜를 가져라

책임을 지혜롭게 나누어라. 이는 불필요한 비난을 피하는 방법이며, 특히 지도자의 위치에 있는 사람들에게 필수적인 지혜다. 어떤 일이든 완벽할 수 없으며, 모든 사람을 만족시키는 것도 불가능하다. 따라서 중요한 결정을 내릴 때는 역할을 적절히 분배하고, 상황에 맞게 책임을 나누는 것이 필요하다. 모든 부담을 혼자 떠안으면 실수했을 때 비난의 대상이 되기 쉽다. 특히 야망이 크고 영향력이 큰 사람들은 자연스럽게 주목을 받기 때문에, 그들과 협력하여 상황을 조율하는 것이 현명한 전략이 될수 있다.

자기 가치를 제대로
팔 줄 아는 사람이 성공한다

자신을 효과적으로 드러내는 법을 익혀라. 아무리 뛰어난 능력과 자질을 갖추고 있어도, 그것만으로는 충분하지 않다. 사람들은 본질보다 겉모습에 끌리고, 실제 가치보다 유행을 따르는 경향이 있다. 따라서 자신의 강점을 돋보이게 할 표현과 전략이 필요하다. 이를 위해 적절한 칭찬을 활용하는 것도 한 방법이다. 칭찬은 관심을 유도하고 호기심을 자극하며, 긍정적인 이미지를 형성하는 데 도움이 된다. 또한 단순히 장점을 나열하는 것보다, 특정한 안목을 지닌 사람들에게만 제공되는 듯한 분위기를 조성하는 것이 더 효과적일 수 있다. 사람들은 누구나 특별한 존재로 인정받고 싶어하며, 흔한 것보다 희소한 것에 더 큰 가치를 둔다. 따라서 자신이 제공하는 것이 누구나 쉽게 가질 수 있는 평범한 것이 아니라, 특별하고 의미 있는 것임을 자연스럽게 보여주는 것이 중요하다. 독창성과 차별화는 단순한 취향의 문제가 아니라, 사람들의 지적 욕구까지 충족시킬 수 있는 요소가 된다.

미리 생각하는 사람만이
미래를 준비한다

미리 생각하고 철저히 대비하라. 오늘의 선택이 내일을 결정하며, 더 나아가 먼 미래까지 영향을 미친다. 최선의 전략은 사전에 준비하는 것이며, 대비하는 사람은 위기에 쉽게 흔들리지 않는다. 불확실한 상황에서 해결책을 찾으려 하기보다, 미리 문제를 예상하고 준비하는 것이 더욱 현명하다. 어려운 상황일수록 신중한 숙고가 필요하며, 잠들기 전에 깊이 생각하는 것이 깨어난 후 후회하는 것보다 낫다. 어떤 사람들은 행동한 뒤에야 비로소 생각하는데, 이는 결과를 고려하기보다 변명할 거리를 찾는 것과 다름없다. 더 심각한 경우는 처음부터 끝까지 깊이 생각하지 않는 것이다. 인생은 신중한 계획과 준비의 연속이며, 지혜로운 사람은 앞서 생각하고 철저히 대비함으로써 더 나은 선택을 한다.

빛을 가리는 사람 대신,
빛을 더해주는 사람과 함께하라

너의 가치를 더욱 빛나게 해 줄 사람들과 함께하라. 돋보이지 못하는 환경에서는 쉽게 잊히고 만다. 너보다 훨씬 뛰어난 사람들 사이에서는 그들의 그늘에 가려질 것이고, 반대로 너무 부족한 사람들과 어울리면 너 역시 그 수준에 머물게 된다. 완벽에 가까운 사람일수록 더 큰 존경을 받으며, 주연이 아닌 조연으로 머물면 결국 네게 돌아오는 존경도 미미할 것이다. 달이 밤하늘에서는 빛나지만, 태양이 떠오르면 사라지는 것과 같다. 네 주변의 사람들은 너를 돋보이게 만들어야 한다. 마르티알리스의 시에 나오는 파불라가 흐트러진 하녀들 틈에서 더욱 아름다워 보였던 것처럼, 네가 속한 환경이 너의 가치를 높일 수 있어야 한다. 스스로의 빛을 가리지 마라. 성장할 때는 뛰어난 사람들과 함께하고, 성장한 후에는 네 빛이 가장 잘 드러날 환경을 선택하라.

중요한 빈자리를 메울 때는
두 배로 준비하라

너무 큰 자리를 대신하려 하지 마라. 그 자리에 오르게 된다면, 그에 걸맞은 능력을 갖추고 있어야 한다. 선임자와 같은 평가를 받으려면 두 배의 노력이 필요하며, 후임자로서 더 나아 보이게 만드는 것은 하나의 기술이다. 또한, 선임자의 그늘에 가려지지 않는 것 역시 중요한 전략이다. 위대한 자리를 채우는 것은 쉽지 않다. 사람들은 과거를 더 긍정적으로 기억하는 경향이 있기 때문이다. 단순히 선임자와 비슷한 수준으로는 부족하다. 먼저 그 자리를 차지한 사람은 자연스럽게 우위를 점하고 있으며, 그의 명성을 뛰어넘으려면 더욱 뛰어난 재능과 차별화된 노력이 필요하다.

믿음과 사랑은 신중하게 선택하라

신뢰와 사랑을 너무 쉽게 주지 마라. 성숙한 판단력은 신중한 믿음에서 나온다. 거짓이 만연한 세상에서 성급한 신뢰는 결국 후회와 실망을 불러올 뿐이다. 그렇다고 해서 타인의 진실성을 함부로 의심해서도 안 된다. 누군가를 쉽게 거짓말쟁이로 단정 짓거나 속았다고 확신하는 것은 상대를 모욕하는 일이며, 오히려 자신이 불성실한 사람이라는 인상을 줄 수도 있다. 거짓말을 자주 하는 사람은 남을 믿지도 못하고, 남에게 신뢰받지도 못하는 이중의 고통을 겪는다. 신중한 사람은 판단을 서두르지 않으며, 충분히 살펴본 후에야 믿음을 준다. 사랑도 마찬가지다. 사람은 말뿐만 아니라 행동으로도 거짓을 행할 수 있으며, 행동에서 비롯된 기만은 더욱 깊은 상처를 남긴다.

감정을 다스릴 줄 아는 사람이
진정으로 강하다

감정을 조절하는 법을 익혀라. 신중한 사람은 자신의 감정 변화를 미리 인식하고, 이성이 이를 다스릴 수 있도록 준비한다. 화가 났을 때 가장 먼저 해야 할 일은 자신이 화를 내고 있다는 사실을 깨닫는 것이다. 감정을 통제하는 첫걸음은 이를 자각하고, 감정에 휘둘리지 않겠다고 결심하는 데 있다. 이러한 신중함을 익히면 분노를 빠르게 가라앉힐 수 있다. 중요한 것은 감정을 멈출 줄 아는 것이며, 적절한 순간에 감정을 다스리는 것은 가장 어려운 기술 중 하나다. 감정이 격해진 순간에도 냉정을 유지하는 것은 뛰어난 판단력의 증거이며, 감정에 휘둘리지 않는 사람이야말로 진정한 지혜를 가진 자다. 모든 감정이 지나치게 분출되면 이성을 흐리게 하지만, 주의를 기울이면 분노가 너를 지배하거나 판단력을 흐리는 것을 막을 수 있다. 감정을 다스리는 것은 곧 자신의 삶을 주도적으로 이끌어가는 힘을 기르는 것이다.

현명한 친구는
삶의 나침반이 된다

함께할 친구를 신중하게 선택하라. 친구란 단순한 호감이 아니라 깊은 분별력을 바탕으로 검토해야 하며, 다양한 상황 속에서 신뢰를 증명할 수 있어야 한다. 인생의 성공은 좋은 친구를 두는 데 달려 있지만, 사람들은 이에 대해 깊이 고민하지 않는다. 때로는 우연한 만남이 친구로 이어지기도 하고, 단순한 인연이 깊은 관계로 발전하기도 한다. 하지만 진정한 우정은 신중한 선택을 통해 이루어져야 한다. 사람들은 네가 누구와 어울리는지를 보고 너를 평가한다. 현명한 사람은 어리석은 이들과 가까이하지 않으며, 진정한 친구란 단순히 즐거움을 주는 사람이 아니라, 신뢰할 수 있는 사람이어야 한다. 우정에도 가치 있는 관계가 있고, 단순한 유희로 끝나는 관계가 있다. 진정한 우정은 삶을 풍요롭게 하고 성공을 돕지만, 잘못된 관계는 오히려 문제를 불러일으킨다. 한 명의 지혜로운 친구는 수많은 겉치레 덕담보다 더 큰 가치를 지닌다. 우연이 아니라 신중한 선택으로 친구를 사귀어라. 그리고 친구가 갑자기 부유해지기를 바라지 마라. 친구 관계를 오래 지속하고 싶다면 말이다.

사람을 알기 위해선
깊이 들여다보라

사람을 쉽게 판단하지 마라. 이는 가장 큰 착각이며, 겉모습에 속는 것은 물건의 가격을 잘못 아는 것보다 훨씬 더 위험하다. 타인을 평가하는 일은 무엇보다 신중해야 하며, 인간을 이해하는 것은 단순히 사물을 아는 것과는 전혀 다르다. 사람의 성품을 꿰뚫어 보고 기질을 파악하는 일은 높은 수준의 통찰력을 요구하는 기술이다. 인간의 본성은 어떤 책보다도 깊이 연구해야 하며, 이를 간과하면 관계에서 실수를 범하고 후회하게 될 것이다.

좋은 친구를 분별하고, 우정을 소중히 여겨라

친구를 현명하게 사귀고 활용할 줄 알아야 한다. 우정은 단순한 감정이 아니라 신중함과 기술이 필요한 관계다. 어떤 친구는 가까이 있을 때 더 도움이 되고, 어떤 친구는 적당한 거리를 둘 때 오히려 관계가 원만해진다. 대화에는 서툴지만 서신을 주고받는 데 능숙한 사람이 있을 수도 있고, 가까이 있을 때 불편한 결점도 멀리서 보면 덜 신경 쓰이기도 한다. 친구를 사귈 때 단순한 즐거움뿐만 아니라 실질적인 가치도 고려해야 한다. 좋은 친구는 모든 면에서 유익해야 하며, 우정은 단결, 선의, 그리고 진실이라는 세 가지 중요한 요소를 포함해야 한다. 좋은 친구를 찾기는 쉽지 않으며, 신중하게 선택하지 않으면 더욱 어렵다. 새로운 친구를 사귀는 것도 중요하지만, 오랜 친구를 지키는 것은 더욱 가치 있는 일이다. 함께한 시간이 쌓인 친구는 무엇보다 소중하며, 새로운 친구를 사귈 때도 시간이 지나 깊은 우정을 나눌 수 있는 사람을 선택해야 한다. 친구 없는 삶은 황량한 사막과 같으며, 우정은 기쁨을 배로 만들고 고통을 덜어 주는 힘을 가진다. 그것은 불운을 견디는 가장 강력한 방패이며, 영혼을 위로하는 가장 든든한 위안이다.

인내는 지혜의 절반이자
평화의 시작이다

어리석은 사람을 상대하는 법을 익혀라. 지혜로운 사람일수록 인내심이 부족한 경우가 많다. 배움이 깊어질수록 세상의 부족함이 더 선명하게 보이기 때문이다. 에픽테토스는 삶에서 가장 중요한 원칙 중 하나가 모든 것을 참아내는 것이라 했으며, 이를 지혜의 절반으로 여겼다. 어리석음을 견디는 데는 큰 노력이 필요하다. 때로는 우리가 가장 기대고 의지하는 사람들로부터 가장 큰 실망을 경험하기도 한다. 그러나 이 과정을 통해 우리는 스스로를 다스리는 법을 배운다. 인내는 그 어떤 것과도 바꿀 수 없는 내면의 평온을 가져오며, 이는 이 세상에서 누릴 수 있는 가장 큰 행복이다. 다른 사람을 견디지 못하는 사람은 차라리 자신 안으로 물러나야겠지만, 스스로를 감당할 수 없다면 그마저도 어려울 것이다.

말은 신중하게,
유언처럼 하라

말을 할 때는 신중해야 한다. 특히 경쟁자 앞에서는 더욱 조심하고, 누구에게나 품위를 잃지 않도록 하라. 말은 언제든 할 수 있지만, 한 번 내뱉은 말은 절대 되돌릴 수 없다. 그러므로 마치 유언을 남기듯 신중하게 말해야 한다. 말이 적을수록 불필요한 분쟁도 줄어든다. 작은 일에서부터 신중함을 익히면, 중요한 순간에도 실수를 피할 수 있다. 비밀을 지킬 줄 아는 것은 신뢰를 얻는 길이며, 때로는 신적인 품격처럼 여겨지기도 한다. 성급한 말 한마디가 처음부터 패배를 부를 수도 있다.

결점은 인식하고, 극복해야 할 과제다

자신의 작은 결점을 받아들여라. 누구나 완벽할 수는 없지만, 그렇다고 해서 자신의 단점을 무시하거나 미화해서는 안 된다. 특히 뛰어난 사람일수록 자신의 부족함을 알면서도 이를 개성이라 착각하는 경우가 많다. 마치 얼굴의 작은 점을 매력으로 여기지만, 남들에게는 결점으로 보일 수 있는 것과 같다. 가장 현명한 태도는 자신의 약점을 솔직하게 인정하고, 그것을 보완하려는 노력이다. 사람들은 너의 장점보다 사소한 단점을 더 쉽게 발견하고 비판한다는 사실을 잊지 마라.

제9장 성공으로 이끄는 행동

경쟁자를 이기는 가장 강력한 무기는 성공이다

질투와 악의를 뛰어넘어라. 단순히 무시하는 것만으로는 부족하며, 품위 있게 대처하는 것이 더 큰 효과를 낳는다. 너를 헐뜯는 사람에게 오히려 호의적인 태도를 보이는 것이야말로 가장 성숙한 대응이며, 질투하는 이들을 실력과 성취로 압도하는 것이야말로 가장 통쾌한 복수다. 네가 성공할수록 악의를 품은 자들은 더욱 불안해할 것이며, 네 명성이 높아질수록 그들의 초조함도 커질 것이다. 결국 질투하는 사람은 자신이 질투하는 대상을 볼 때마다 스스로 고통을 키운다. 네가 박수를 받을 때마다 그들은 속이 타들어 갈 것이며, 결국 너의 성공이 그들에게는 끝없는 괴로움이 될 것이다.

불행을 동정하되,
자신의 행복을 잃지 마라

불행한 사람들에게 연민을 가지되, 그들의 불운에 휩쓸려 함께 불행해지지 않도록 하라. 어떤 이에게는 불행처럼 보이는 일이 다른 이에게는 오히려 행운이 될 수도 있다. 세상에는 불행한 사람이 있어야만 자신의 행운을 깨닫는 사람이 존재한다. 불행한 사람들은 종종 주변의 동정을 얻으며, 우리는 그들에게 실질적인 도움을 주지 못하면서도 연민을 보이며 그들의 불운을 보상하려 한다. 한때 번영 속에서 시기를 받던 사람이 몰락하면, 오히려 모두가 그를 연민하며 동정하게 된다. 그의 추락이 복수를 연민으로 바꾸어 놓는 것이다. 그렇기에 운명의 흐름을 꿰뚫어 보는 예리한 통찰력이 필요하다. 어떤 사람들은 오직 불행한 사람들과만 어울리기를 좋아하는데, 한때 자신과 거리를 두었던 사람들이 불운에 빠지면 그제야 곁에 붙는다. 이러한 행동이 너그러운 마음을 드러낼 수는 있지만, 신중한 선택이라고 보기는 어렵다.

사람들이 어떻게 반응할지 알고 싶다면, 먼저 가볍게 떠보라

사람들이 어떻게 반응할지 알고 싶다면, 먼저 가볍게 떠보라. 특히, 어떤 일이 성공할지 확신이 서지 않을 때는 더욱 신중해야 한다. 미리 반응을 살펴보면 계획을 계속 진행할지 멈출지를 현명하게 결정할 수 있다. 다른 사람들의 의견과 반응을 먼저 확인하면 실수를 줄이고 더 나은 선택을 할 수 있다. 원하는 것을 직접 요구하기 전에 상대의 반응을 살펴보면 더 유리한 상황을 만들 수 있다. 신중한 사람은 성급하게 행동하지 않고, 조심스럽게 접근하여 기회를 탐색하며 최적의 타이밍을 찾는다.

정당당한 싸움이 진정한 승리다

공정하게 맞서라. 지혜로운 사람도 때로는 경쟁이나 갈등을 피할 수 없지만, 비열한 방식에 휩쓸려서는 안 된다. 상대의 방식에 휘둘리지 말고, 오히려 너의 품격과 가치를 보여주는 태도로 대처하라. 경쟁자에게 관대하게 행동하는 것은 존경받을 만한 일이며, 단순히 승리를 위해 싸우는 것이 아니라 너의 고결함과 우월함을 증명하기 위한 과정이어야 한다. 정당하지 않은 방법으로 이기는 것은 진정한 승리가 아니라 스스로의 가치를 떨어뜨리는 타협일 뿐이다. 훌륭한 사람은 부당한 수단을 사용하지 않으며, 한때 친구였던 사람의 약점을 이용해 공격하지 않는다. 비록 우정이 적대감으로 변했다 하더라도, 과거의 신뢰를 배신해서는 안 된다. 배신의 흔적이 묻은 승리는 결국 명성을 해치는 독이 된다. 고귀한 사람은 어떤 상황에서도 품위를 잃지 않는다. 너의 행동이 누군가에게 "기사도, 관대함, 신의가 사라진 세상에서도 그것들은 여전히 너의 가슴속에 남아 있다"는 말을 듣게 할 수 있도록 살아라.

말보다 행동이
진짜 가치를 증명한다

말과 행동을 구별할 줄 알아야 한다. 말만 앞세우는 사람과 실제로 행동하는 사람을 가려내는 것은, 너를 진심으로 아끼는 친구와 단순히 네 위치만을 중요하게 여기는 친구를 구별하는 것만큼 중요하다. 나쁜 행동 없이 나쁜 말을 하는 것도 문제지만, 나쁜 말을 하지 않으면서 나쁜 행동을 하는 것은 더욱 해롭다. 공허한 말은 아무런 실질적인 도움이 되지 않으며, 단순한 예의만으로는 신뢰를 얻을 수 없다. 마치 새를 거울로 유인해 속이는 것이 완벽한 덫이 되듯이, 실속 없는 말에 만족하는 것은 어리석은 사람들뿐이다. 말이 진정한 가치를 가지려면 반드시 행동이 뒷받침되어야 한다. 잎만 무성하고 열매를 맺지 않는 나무는 결국 텅 빈 법이다. 누가 실질적인 도움을 줄 수 있는 사람인지, 누가 단지 그럴듯한 말로 곁에 머물 뿐인지 분별할 줄 알아야 한다.

스스로를 극복하는 자가
운명을 이긴다

어떤 일이 있어도 스스로를 지킬 줄 알아야 한다. 어려운 순간에는 강한 마음이 가장 큰 힘이 된다. 불안하거나 걱정될 때는 감정을 다스리고 이성적으로 생각해야 한다. 스스로를 의지할 줄 아는 사람은 쉽게 흔들리지 않으며, 어떤 어려움 앞에서도 무너지지 않는다. 운명에 휩쓸리면 더 큰 시련이 닥칠 뿐이다. 어떤 사람들은 문제를 해결하지 못해 점점 더 힘들어하지만, 자기 자신을 잘 아는 사람은 깊이 생각하고 약점을 극복한다. 신중한 사람은 어떤 상황에서도 최선의 방법을 찾아내며, 때로는 자신의 운명을 바꿀 수도 있다.

어리석은 괴물이 아닌,
지혜로운 사람이 되어라

어리석음에 빠지지 않도록 주의하라. 허영심이 강하고, 자만하며, 고집이 세고 변덕스러운 사람들은 스스로를 과시하는 데만 몰두한다. 그들은 엉뚱한 주장만 늘어놓고, 경솔하며, 신기한 것만 좇고, 절제할 줄 모른다. 이런 태도는 무례함을 넘어 스스로를 망치는 길이다. 육체적인 결함보다 더 심각한 것은 정신적인 결함이다. 그것은 인간이 지녀야 할 가장 중요한 가치를 저버리는 것이기 때문이다. 그러나 이런 어리석음을 누가 바로잡을 수 있을까? 이성이 흐려진 사람에게는 아무리 좋은 조언이나 가르침도 소용이 없다. 신중한 판단은 사라지고, 터무니없는 허영심만이 스스로를 높이며 헛된 박수를 기대할 뿐이다.

백 번의 성공보다
한 번의 실수를 경계하라

작은 실수 하나가 수많은 성공보다 더 큰 영향을 미칠 수 있다. 사람들은 태양을 직접 바라보지 않지만, 일식이 일어나면 모두가 주목한다. 마찬가지로, 대중은 수많은 성공보다 단 한 번의 실수에 더 집중한다. 좋은 일보다 실수나 잘못이 더 빠르게 퍼지고, 더 많은 이야깃거리가 된다. 어떤 사람들은 오랜 시간 쌓아온 명성을 한순간의 실수로 무너뜨리기도 하며, 작은 실수가 이전의 모든 업적을 가려버리기도 한다. 악의를 가진 사람들은 네 장점에는 관심이 없고, 오직 결점만을 찾아내어 부각하려 한다는 사실을 명심하라.

모든 일에서 항상 여지를 남겨라. 한 번에 모든 능력을 드러내거나 가진 힘을 전부 쏟아붓지 마라. 지식도 일부는 아껴 두어야 나중에 더 효과적으로 활용할 수 있다. 예상치 못한 상황에 대비하려면 언제나 준비된 해결책이 필요하다. 급박한 순간에 침착하게 대응하는 사람이 성급하게 나서는 사람보다 더 신뢰받는다. 신중한 사람은 안전한 길을 찾으며, 모든 것을 한꺼번에 소진하는 것보다 일부를 남겨 두는 것이 더 큰 가치를 만든다는 사실을 잊지 마라.

호의는 신중히 사용하고
귀하게 간직하라

받은 호의를 쉽게 낭비하지 마라. 중요한 사람들의 도움은 정말 필요한 순간을 위해 아껴 두어야 한다. 사소한 일에 은혜를 남발하거나, 인맥을 지나치게 이용하면 정작 위급한 상황에서 도움을 받기 어려워진다. 진정으로 중요한 순간을 대비해 소중한 자원을 남겨 두어라. 작은 일에 큰 도움을 써버리면, 막상 결정적인 순간에 무엇을 의지할 수 있겠는가? 가장 귀중한 자산은 결국 너를 도와줄 사람들이다. 그들은 너의 운명을 바꿀 수도 있고, 반대로 네가 가진 것들을 빼앗을 수도 있다. 자연과 명성이 지혜로운 자에게 준 혜택을 운명은 질투하기 마련이다. 그러므로 물질적인 것을 지키는 것보다 더 중요한 것은, 너를 도와줄 사람들과의 관계를 현명하게 유지하는 일이다.

잃을 게 없는 사람과의 싸움은 피하라

잃을 게 없는 사람과의 싸움은 피하라. 그들에게는 잃을 것이 없기에, 부끄러움도 두려움도 없이 어떤 행동도 서슴지 않는다. 반면, 너는 소중한 명성을 가지고 있으며, 그런 싸움에 휘말려 불필요한 위험을 감수할 이유가 없다. 명성을 쌓는 데는 오랜 시간이 걸리지만, 단 한 순간의 실수로 무너질 수도 있다. 사소한 스캔들 한 줄이 오랜 노력과 신뢰를 흔들 수 있다는 사실을 기억하라. 신중한 사람은 자신이 가진 것의 가치를 알고 있으며, 그것을 지키기 위해 조심스럽게 행동한다. 그는 불필요한 위험을 피하고, 언제든 현명하게 물러날 준비를 한다. 설령 싸움에서 이긴다 해도, 그 과정에서 입은 손실은 쉽게 회복되지 않는다.

유리 같은 사람과의 교제는
신중함이 필요하다

　　인간관계에서 지나치게 예민하게 반응하지 마라. 특히 우정에서는 더욱 그렇다. 어떤 사람들은 사소한 일에도 쉽게 상처받고, 이는 결국 그들의 나약함을 드러낼 뿐이다. 그들은 작은 말이나 행동에도 분노하며, 주변 사람들에게 불필요한 긴장과 피로감을 준다. 마치 눈동자처럼, 가벼운 스침에도 아파하고, 먼지 같은 사소한 일에도 쉽게 흔들린다. 이런 사람들과 관계를 맺으려면 늘 신중해야 하며, 그들의 예민함을 고려해야 한다. 그들은 작은 무시에도 과민하게 반응하며, 자기중심적인 태도로 타인의 배려를 당연하게 여긴다. 자신의 기분과 감정을 최우선으로 두고, 터무니없는 자존심을 내세운다. 그러나 이런 연약함은 결국 관계를 부담스럽게 만들고, 주변 사람들을 하나둘 떠나게 한다. 진정한 강함은 쉽게 흔들리지 않는 데 있으며, 유연한 태도 속에서 존중받는다.

조급함을 버리고,
삶을 천천히 음미하라

    조급하게 살지 마라. 삶을 정돈할 줄 알면, 그것을 온전히 즐길 수도 있다. 많은 사람들은 시간이 흐른 뒤에야 지난날을 돌아보며 후회한다. 그들은 소중한 순간을 허비하고 나서야 비로소 그때로 돌아가고 싶어 한다. 시간은 너무 느리게 가는 것처럼 느껴져 재촉하지만, 조급함이 오히려 삶을 더 불안하게 만든다. 하루 만에 평생을 살아내려 하고, 한꺼번에 모든 것을 배우려 하며, 미래를 앞당기려 한다. 하지만 지식도, 성공도, 인생도 서두른다고 더 나아지는 것은 아니다. 너무 빨리 알게 되면 깊이 이해하지 못하고, 너무 빨리 이루면 그 가치를 충분히 누리지 못한다. 행운은 시간이 지나며 찾아오기도 하지만, 그것을 누릴 줄 모르면 아무 의미가 없다. 중요한 일은 신속하게 처리하되, 즐기는 것은 천천히 해야 한다. 많은 것들은 지나간 후에야 비로소 그 가치를 깨닫게 된다. 그러니 조급함을 버리고, 순간을 깊이 음미하며 살아가라.

내실이 없는 것은
결국 무너진다

겉만 번지르르한 사람이 되지 마라. 진정한 실력을 갖춘 사람은 겉모습에 집착하지 않으며, 내실을 중요하게 여긴다. 실체 없는 명성은 결국 불행을 부르며, 처음에는 그럴듯해 보여도 시간이 지나면 무너지고 만다. 세상에는 허황된 망상을 꾸며내고 기만으로 포장하는 사람들이 많다. 또 어떤 이들은 그런 거짓을 부추기며, 작지만 확실한 진실보다 크고 화려해 보이는 거짓을 선호한다. 그러나 이런 방식은 오래갈 수 없다. 기만은 결국 드러나게 되어 있으며, 거짓으로 쌓아 올린 것은 언젠가 무너질 수밖에 없다. 지속적인 명성을 얻는 길은 오직 진실뿐이며, 실질적인 가치만이 결국 사람들에게 인정받는다. 한 번의 속임수는 더 많은 속임수를 낳고, 결국 그 허상은 흔적도 없이 사라진다. 겉모습이 아닌 실력과 진정성으로 자신을 증명하라.

지식은 스스로 배우거나,
지혜를 가진 자에게 구하라

항상 제대로 이해하려 노력하라. 스스로 깨닫든, 지혜로운 사람의 조언을 듣든, 통찰력은 삶을 살아가는 데 꼭 필요하다. 경험에서 배우든, 다른 사람의 지혜를 빌리든 중요한 것은 올바르게 아는 것이다. 하지만 많은 사람들은 자신이 무지하다는 사실조차 깨닫지 못하며, 어떤 이들은 알지도 못하면서 안다고 착각한다. 어리석음에 빠지면 어떤 충고도 소용이 없다. 무지한 사람들은 자신에게 부족한 것이 무엇인지 모르기에, 그것을 채우려는 노력조차 하지 않는다. 어떤 사람들은 스스로를 이미 현명하다고 믿지 않았다면, 진정한 지혜자가 되었을 것이다. 신중한 조언을 해줄 사람은 많지만, 문제는 아무도 그들의 의견을 구하지 않는 데 있다. 타인의 의견을 듣는다고 해서 너의 위대함이 줄어드는 것도, 재능이 의심받는 것도 아니다. 오히려 그것은 너의 명성을 더욱 굳건하게 만든다. 불운을 피하고 싶다면 반드시 이성과 상의하라.

적당한 거리감이
존중을 만든다

다른 사람과 너무 가까워지지 마라, 그리고 그들도 너에게 지나치게 다가오도록 내버려 두지 마라. 친밀함이 깊어질수록 자연스럽게 생기는 거리감이 사라지고, 그와 함께 존경도 줄어든다. 별들이 우리 곁에서 직접 빛나지 않기에 더욱 아름다워 보이는 것처럼, 품격과 존엄도 일정한 거리를 유지할 때 더욱 빛난다. 지나친 친숙함은 결국 가벼움으로 이어진다. 세상에는 자주 접할수록 가치가 떨어지는 것들이 많으며, 누구와도 지나치게 가까워지면 신중함이 가려주었던 결점이 드러나기 마련이다. 상급자와 지나치게 가까우면 위험하고, 하급자와 너무 친하게 지내면 품위를 잃을 수 있다. 특히 어리석고 무례한 대중과의 과도한 친밀함을 가장 경계해야 한다. 대중은 네가 베푼 호의를 당연하게 여기며, 오히려 더 많은 것을 기대할 뿐이다. 결국, 과도한 친숙함은 경솔함으로 변하고, 처음의 호의도 쉽게 사라진다.

때로는 자신의 직감을 믿고 따르는 것이 필요하다

때로는 자신의 직감을 믿고 따르는 것이 필요하다. 이성보다 직감이 더 정확한 결정을 내릴 때가 있으며, 마치 타고난 경고처럼 우리를 위험에서 보호해 준다. 많은 사람들이 두려움에 사로잡혀 스스로를 파멸로 몰아넣지만, 단순히 두려워하는 것만으로는 아무런 도움이 되지 않는다. 공포는 그것을 대비하고 행동으로 옮길 때에만 의미가 있다. 어떤 사람들은 타고난 직감이 뛰어나 위험을 감지하고 경고를 보내며, 이를 통해 실패를 막을 수 있다. 하지만 무모하게 위험에 뛰어드는 것은 어리석은 행동이며, 그렇다고 피하기만 하는 것도 해결책이 될 수 없다. 현명한 사람은 위험을 미리 인식하고 철저히 대비하여, 결국 그 위기를 극복할 방법을 찾아낸다.

말을 절제하는 것이
능력을 보호하는 길이다

절제는 스스로를 지키는 가장 확실한 방법이다. 속마음을 쉽게 드러내는 사람은 마치 누구나 읽을 수 있는 열린 책과 같아 예측하기 쉬워진다. 깊이를 갖고 중요한 생각과 감정을 감출 수 있는 여유를 가져야 한다. 절제는 자기 자신을 완전히 통제할 때 비로소 가능하며, 그것이야말로 진정한 강함이다. 스스로를 너무 드러내면 많은 사람들에게 약점을 보이게 되고, 원치 않는 부담을 지게 된다. 신중함은 절제에서 나오며, 내면의 균형을 유지하는 것이 중요하다. 그러나 절제는 언제나 도전에 직면한다. 사람들은 우리의 속내를 떠보려 하고, 의도적으로 반박하며 흔들어 놓으며, 교묘한 말로 신중한 사람조차 실수를 유도한다. 그러므로 무엇을 할지 섣불리 말하지 말고, 말한 대로 행동하지 않도록 신중해야 한다.

적의 의도를 따르지 말고, 스스로 판단하라

상대가 어떻게 행동할지 미리 단정 짓고 스스로를 제한하지 마라. 어리석은 자는 네 예상대로 움직이지 않는다. 그는 자신의 이익조차 제대로 이해하지 못하기 때문이다. 반면, 지혜로운 자는 자신의 속내를 감추려 하며, 네가 그의 의도를 간파하고 대비하고 있다고 생각할 수도 있다. 상황을 단순하게 보지 말고, 모든 가능성을 열어 두고 신중하게 살펴라. 중요한 것은 '무엇이 일어날 것인가'를 단순히 예측하는 것이 아니라, '무엇이 일어날 수 있는가'를 깊이 숙고하는 것이다.

진실을 신중히 말하고,
침묵할 줄 알라

거짓말을 하지 마라. 그러나 모든 진실을 말해야 하는 것도 아니다. 진실을 어떻게 다룰지는 신중한 판단이 필요한 기술이다. 그것은 마치 심장에서 피를 흘려보내는 것과 같다. 언제, 어떻게 말해야 할지 고민해야 하며, 때로는 침묵하는 것이 더 현명할 수도 있다. 단 한 번의 거짓말로도 오랫동안 쌓아온 신뢰가 무너질 수 있다. 속은 사람은 단순히 부주의해 보일 뿐이지만, 속인 사람은 거짓된 사람으로 낙인찍힌다. 그리고 후자가 훨씬 더 나쁘다. 모든 진실이 반드시 드러나야 하는 것은 아니다. 어떤 것은 너 자신을 위해, 또 어떤 것은 타인을 위해 침묵해야 할 때도 있다.

대담함은 지혜를 돋보이게 한다

때로는 용기를 내어 대담하게 행동하라. 이것 또한 신중함의 한 형태다. 사람들을 지나치게 높이 평가하거나 두려워할 필요는 없다. 멀리서 보면 위대해 보이지만, 가까이 다가가면 기대보다 실망스러운 경우가 많다. 누구도 인간의 한계를 벗어날 수 없으며, 모든 사람의 지성과 인격에는 "만약 ~했더라면"이라는 한계가 존재한다. 높은 지위는 겉으로 보이는 권위를 부여하지만, 그것이 개인적인 능력과 함께하는 경우는 드물다. 운명은 종종 높은 자리에 있는 사람에게 적은 재능을 주어 그를 시험하기도 한다. 상상력은 현실을 과장하고, 존재하는 것뿐만 아니라 존재할 가능성까지 더해 사물을 실제보다 더 크게 보이게 만든다. 하지만 경험에서 나온 이성은 이를 바로잡아야 한다. 어리석은 자는 대담함을 함부로 남용해서는 안 되지만, 덕을 갖춘 사람이라면 지나치게 두려워할 필요도 없다. 자기 확신이 어리석고 단순한 사람들에게도 도움이 된다면, 지혜롭고 용기 있는 사람에게는 더욱 큰 힘이 될 것이다.

완고함보다 유연함이
더 큰 가치를 만든다

고집을 너무 부리지 마라. 고집이 센 사람은 대개 어리석으며, 자신의 판단이 틀릴수록 오히려 더 집착한다. 때로는 네가 옳더라도 양보하는 것이 더 지혜로운 선택이다. 사람들은 네가 옳았다는 사실을 인정하면서도, 너의 유연함과 예의를 더욱 높이 평가할 것이다. 남을 이겨서 얻을 것보다, 고집으로 인해 잃을 것이 더 많다. 끝까지 고집을 부리는 것은 진리를 지키는 것이 아니라, 무례함을 방어하는 것과 같다. 지나치게 완고한 사람은 설득하기 어려우며, 그들의 고집은 결국 희망 없는 길로 이어진다. 변덕스러우면서도 완고한 성향을 가진 사람은 스스로를 더욱 어리석게 만든다. 의지는 단단해야 하지만, 판단은 유연해야 한다. 물론 예외적인 경우도 있다. 중요한 결정을 내릴 때는 신중하게 판단한 후, 한 번 결정하면 쉽게 흔들리지 않는 것이 바람직하다.

격식보다 내실을 우선하라

격식에 너무 얽매이지 마라. 왕이라 해도 격식을 과하게 따지면 오히려 부자연스러워 보일 뿐이다. 지나치게 형식적인 사람은 부담스럽고, 어떤 나라들은 이러한 예민함에 사로잡혀 있다. 스스로의 명예를 지나치게 신경 쓰는 사람들은 사소한 예법으로 자신을 치장하지만, 오히려 그들의 명예가 얼마나 취약한지를 드러낼 뿐이다. 작은 일에도 쉽게 자존심이 상하는 것은, 그만큼 그 자존심이 보잘것없다는 증거다. 존경받고 싶다면 스스로 품격을 지켜야 하며, 억지로 격식을 차려 강요해서는 안 된다. 물론, 격식을 완전히 무시하는 사람이라면 그만큼 탁월한 재능과 독보적인 매력이 있어야 한다. 예의는 과장되어도 안 되고, 무시되어서도 안 된다. 자잘한 형식에 집착한다고 해서 위대함이 증명되는 것은 아니다.

단 한 번의 시험에
명성을 걸지 마라

단 한 번의 승부에 모든 것을 걸지 마라. 실패하면 그 피해를 되돌리기 어렵다. 누구나 실수할 수 있으며, 특히 처음 시도에서는 더욱 그렇다. 항상 최고의 컨디션을 유지할 수는 없으며, 모든 날이 너에게 유리할 수도 없다. 그렇기에 첫 시도가 기대에 미치지 못하더라도 만회할 기회를 남겨두어야 한다. 반대로 첫 시도가 성공적이라면, 이를 발판 삼아 두 번째 시도까지 긍정적인 흐름을 유지해야 한다. 언제나 개선의 여지를 남겨두고, 필요할 때 다시 도전할 기회를 마련해 두어라. 상황은 언제든 변할 수 있으며, 행운은 항상 우리 편이 아닐 수도 있기 때문이다.

겉모습에 속지 말고 본질을 꿰뚫어 보라

겉모습에 속지 말고 본질을 꿰뚫어 보라. 때로는 겉으로 좋아 보이는 것이 실제로는 그렇지 않을 수 있다. 정직한 사람이라면 악덕이 비단으로 치장되었더라도 그것을 꿰뚫어 볼 줄 알아야 한다. 황금 왕관을 썼다 해도 그 속이 쇠붙이라면 숨길 수 없는 법이다. 높은 지위가 있다고 해서 비열함이 사라지는 것은 아니며, 악덕은 겉으로 드러나지 않을 수 있지만 본질적으로 천박하다. 어떤 사람들은 위대한 인물에게도 결점이 있다고 말하지만, 그들이 위대했던 것은 그 결점 때문이 아니다. 권력을 가진 자들의 영향력은 강력하여, 심지어 그들의 단점마저도 모방의 대상이 된다. 아첨하는 자들은 위인의 흠조차 따라 하려 하지만, 위대함이 없는 자에게 그런 모습은 그저 혐오스러울 뿐이다.

유리한 일은 직접 하고,
불리한 일은 지혜롭게 우회하라

기쁜 일은 직접 하고, 불쾌한 일은 다른 사람을 통해 처리하라. 이렇게 하면 호의를 얻을 수 있고, 반감을 직접 받지 않을 수 있다. 위대한 사람들은 받는 것보다 베푸는 것을 더 큰 기쁨으로 여기며, 타인을 괴롭게 하면 결국 자신도 괴로워지기 쉽다. 그것이 동정에서든, 후회에서든 말이다. 보상과 징벌의 문제에서는 선한 일은 직접 행하고, 불가피한 처벌은 반드시 타인을 통해 간접적으로 시행해야 한다. 불만을 가진 사람들이 공격할 대상을 만들어 주는 것이 필요하다. 대중의 분노는 마치 광견병에 걸린 개와 같아서, 무엇이 자신을 해쳤는지조차 모른 채 닥치는 대로 물어뜯는다. 그리고 비록 입마개가 원인이 아니었더라도, 가장 먼저 눈에 띄는 대상이 그 분노의 희생양이 된다.

진정한 칭찬은 너의 신뢰성과 진실성을 드러내는 가장 강력한 수단이다

다른 사람의 칭찬할 점을 발견하는 법을 배워라. 이는 네가 훌륭한 것을 알아볼 줄 아는 사람이라는 인상을 주며, 자연스럽게 다른 이들이 너의 인정을 받고 싶어 하게 만든다. 완벽함을 알아보는 사람은 어디서든 그 가치를 인정할 줄 알며, 칭찬은 대화의 흐름을 부드럽게 하고 좋은 본보기가 된다. 또한, 자연스럽게 예의를 권장하는 세련된 방식이기도 하다. 반면, 어떤 사람들은 늘 단점을 찾아내고, 남을 깎아내리며 자신이 우월한 듯 행동한다. 이는 단순한 사람들에게는 통할지 몰라도, 결국에는 누구에게나 부정적인 인상을 남길 뿐이다. 또 어떤 이들은 과거의 위대함을 무시하고 현재의 평범함을 과대평가하는 경향이 있다. 신중한 사람이라면 이런 속임수를 꿰뚫어 보고, 과장도 아첨도 없이 누구와 함께 있든 공정한 태도를 유지할 줄 알아야 한다.

목표를 이루는 가장 효과적인 방법은 사람들이 지속적으로 자신을 필요로 하게 만드는 것이다

타인의 부족함을 기회로 삼아라. 사람들은 자신에게 없는 것을 더 간절히 원하며, 그 욕구를 잘 활용하면 원하는 것을 얻을 가능성이 커진다. 철학자들은 결핍이 중요하지 않다고 말하지만, 현실을 아는 사람들은 오히려 결핍이야말로 가장 큰 영향력을 가진다고 본다. 실제로 어떤 사람들은 타인의 부족함을 이용해 자신의 목표를 이루며, 상대의 어려움을 기회로 삼는다. 사람들은 이미 가진 것보다 부족한 것을 더 크게 느끼며, 장애물이 클수록 욕망도 강해진다. 원하는 것을 얻는 가장 효과적인 방법 중 하나는 상대가 너에게 의존하도록 만드는 것이다.

세상에는 위로받을 수 없는 고통은 없다

어떤 상황에서도 위안을 찾을 줄 알아야 한다. 때로는 쓸모없어 보이는 사람조차도 예상보다 오래 살아남는다. 운명은 중요한 사람들을 시기하는 듯하지만, 평범하고 눈에 띄지 않는 사람들에게는 오히려 긴 삶을 허락하는 듯하다. 모든 구름 뒤에는 한 줄기 빛이 존재하며, 어리석은 사람들에게는 뜻밖의 행운이 그 빛이 될 수도 있다. 흔히 "아름다운 사람들은 못생긴 사람들이 가진 운을 부러워한다."라는 말이 있지 않은가. 오래 살고 싶다면, 너무 뛰어나지 않은 편이 오히려 유리할 수도 있다. 금이 간 유리잔이 쉽게 깨지지 않듯이, 특별한 역할이 없는 사람들은 오히려 더 오래 남아 우리를 지치게 한다. 반면, 세상에 꼭 필요한 사람들은 항상 부족하며, 가치 있는 존재일수록 더 쉽게 사라진다. 불운한 사람들은 마치 운명과 죽음조차 그들을 잊어버린 듯 끝없이 방치된다. 그러므로 어떤 상황에서도 위안을 찾는 법을 익혀야 한다. 설령 그것이 아주 사소한 것일지라도.

과장된 정중함은 진심 어린 예의가 아닌
전략적 수단일 뿐이다

공손함을 진심이 아닌 계산으로 사용하지 마라. 그렇게 하면 진심이 아니라 단순한 술수에 불과하다. 어떤 사람들은 특별한 재능이 없어도 상대를 현혹하는 방법을 알고 있다. 모자를 벗는 작은 몸짓 하나로 허영심 많은 사람들을 매료시키고, 과장된 칭찬과 번지르르한 말로 상대를 기분 좋게 만든다. 하지만 그런 말들은 결국 아무런 진실도 담겨 있지 않은 빈말일 뿐이며, 단순한 덫에 지나지 않는다. 진정한 예의는 타인을 존중하는 마음에서 나오지만, 가식적인 예의는 상대를 조종하려는 수단일 뿐이다. 또 지나치게 공손한 태도는 품격을 높이는 것이 아니라 오히려 상대에게 휘둘리는 모습으로 비칠 수 있다. 이런 사람들은 상대를 향해 머리를 숙이는 것이 아니라, 그의 재산과 권력 앞에 고개를 숙이며, 그의 인격을 존경하는 것이 아니라 자신이 얻을 보상을 기대하며 아첨할 뿐이다.

192 온화한 마음은 단순히 오래 사는 것을 넘어, 그 시간을 더욱 풍요롭고 즐겁게 만든다

온화한 태도를 지닌 사람은 더 평온하고 건강한 삶을 산다. 남을 괴롭히지 않으면 나 역시 편안해지고, 불필요한 갈등을 피하면 마음의 짐이 줄어든다. 온화함이란 단순히 조용히 지내는 것이 아니라, 주변을 부드럽게 다스리며 조화를 이루는 것이다. 때로는 듣고도 모른 척하고, 보고도 침착하게 넘기는 것이 더 현명한 태도다. 다툼 없이 하루를 보내면 그날 밤은 고요하고 평온할 것이다. 스트레스를 줄이고 삶을 즐길 줄 아는 사람은 마치 두 번 사는 것과 같다. 무의미한 일에 집착하지 않으면 오히려 원하는 것을 더 많이 가질 수 있다. 세상을 너무 심각하게 받아들이는 것만큼 어리석은 일은 없다. 나와 관계없는 일에 괜히 상처받는 것도, 정작 중요한 일에 무관심한 것도 결국 스스로를 힘들게 만드는 일이다.

남의 문제를 이용해
자신의 이익을 챙기려는 사람을 경계하라

자신의 이익을 챙기면서도 마치 너를 위하는 척하는 사람을 조심하라. 이런 사람들은 친절하고 배려심 많은 듯 보이지만, 결국은 자기 목적을 이루기 위해 너를 이용하려 한다. 이런 기만을 막는 가장 좋은 방법은 항상 경계를 늦추지 않는 것이다. 상대가 교묘할수록 그 의도를 더욱 신중하게 살펴야 한다. 어떤 사람들은 자신의 일을 네 일인 것처럼 꾸며 너를 끌어들이고, 너는 그들의 숨은 속셈을 간파하지 못한 채 그들을 대신해 위험을 감수하는 처지가 될 수도 있다. 결국, 그들은 원하는 것을 얻고, 너는 손해만 보게 된다. 그러니 겉으로 드러나는 말이나 행동만 믿지 말고, 그들이 진정으로 무엇을 원하는지를 주의 깊게 살펴야 한다.

목표는 높게 설정하되, 도달할 수 없을 정도로 무리해서는 안 된다

자신과 자신의 능력을 객관적으로 평가하라. 특히 인생의 출발점에서는 더욱 신중해야 한다. 많은 사람들은 자신을 과대평가하며, 오히려 가장 부족한 사람이 스스로를 가장 뛰어나다고 착각하는 경우가 많다. 누구나 자신의 행운을 믿고 특별한 존재라고 여기지만, 기대는 커지고 경험은 그것을 충족시키지 못한다. 그러다 현실을 직시하는 순간, 허영에서 비롯된 착각은 고통으로 바뀐다. 이성을 유지하라. 최선을 바라되, 최악의 상황도 대비하라. 그래야 어떤 결과가 오든 담담하게 받아들일 수 있다. 목표를 높게 잡는 것은 좋지만, 현실과 동떨어진 기대는 오히려 실패로 이어진다. 새로운 일을 시작할 때는 기대치를 조정하고, 경험이 부족할수록 잘못된 가정이 많아질 수 있음을 명심하라. 지혜로운 사람은 자신의 한계를 정확히 알고, 허황된 상상보다 현실을 바탕으로 계획을 세운다.

현명한 사람은 사물을 정확히 평가하고, 각자의 장점을 파악하며, 어떤 노력이 필요한지 이해한다

사람과 사물의 가치를 제대로 알아보는 안목을 길러라. 모든 사람은 저마다 뛰어난 점이 있으며, 동시에 자신보다 더 나은 사람도 존재한다. 중요한 것은 각자의 장점을 정확히 파악하고 인정하며, 그것을 즐길 줄 아는 것이다. 현명한 사람은 누구에게나 존중을 보인다. 왜냐하면 그는 각자의 재능을 인정할 줄 알며, 어떤 일이든 제대로 해내는 것이 얼마나 어려운지 잘 알기 때문이다. 반면, 어리석은 사람은 타인을 함부로 깔본다. 그것은 무지에서 비롯되기도 하고, 자신의 부족함을 감추기 위해 일부러 남을 낮춰 보기 때문이다. 진정한 성장은 가치 있는 것을 알아볼 줄 아는 사람에게서 비롯된다.

자신이 가진 행운을 알고
그것을 따르는 것이야말로 지혜다

자신이 가진 행운을 알아차리고 활용하라. 누구나 저마다의 행운을 타고나며, 스스로 불운하다고 느낀다면 그것은 아직 자신의 행운을 발견하지 못한 것일 뿐이다. 어떤 사람들은 특별한 노력 없이도 권력자들과 가까워질 기회를 얻는데, 이는 순전히 운이 그들을 돕기 때문이다. 하지만 행운만으로는 부족하다. 그것을 지속적으로 키워 나가려면 반드시 노력해야 한다. 어떤 이들은 지혜로운 사람들의 인정을 받으며, 또 어떤 이들은 특정한 지역이나 분야에서 더욱 환영받고 유명해진다. 같은 재능을 가졌다고 해도, 누구는 특정한 환경에서 더 쉽게 성공을 거둔다. 운명은 마치 카드 게임처럼 각자에게 다른 패를 나누어 주며, 중요한 것은 그 패를 어떻게 활용하느냐에 달려 있다. 그러므로 자신의 강점과 기회를 파악하고, 운이 따라올 때 그것을 제대로 활용할 줄 알아야 한다. 자신의 행운을 따르는 법을 알고 있어야 하며, 그것을 가볍게 여기거나 함부로 버려서는 안 된다.

어리석은 사람은 얕은 관계에서도 위험하고, 가까워질수록 더욱 위험하다

어리석은 사람들과 가까이하지 마라. 진짜 어리석은 사람은 자신의 어리석음을 깨닫지 못하는 자이며, 더 나쁜 경우는 그것을 알면서도 끊어내지 못하는 사람이다. 이런 사람들과 가벼운 관계를 맺는 것조차 위험하며, 그들을 신뢰하면 결국 큰 피해를 입게 된다. 처음에는 조심스러워 보일 수도 있지만, 시간이 지나면 그들의 어리석음은 더욱 노골적으로 드러난다. 평판이 없는 사람과 어울리면 너의 평판도 함께 나빠지며, 그들은 언제나 불운을 몰고 다닌다. 그리고 그 불운은 가까운 사람들에게까지 영향을 미친다. 그러나 어리석은 사람들도 한 가지 유용한 점이 있다. 지혜로운 사람에게는 반면교사가 된다는 것이다.

스스로의 가치를 높이려면,
때로는 환경을 바꿀 줄 알아야 한다

현재의 환경에서 제대로 인정받지 못한다면, 새로운 곳을 찾아야 한다. 어떤 사람들은 익숙한 장소에서는 그 가치를 인정받지 못하지만, 새로운 환경에서는 훨씬 높은 평가를 받는다. 특히 지위가 높아질수록 이러한 현상은 더욱 두드러진다. 고향은 종종 뛰어난 인재들에게 따뜻한 어머니가 아니라 차가운 계모처럼 대하며, 사람들은 질투심에 사로잡혀 초기의 부족함만 기억하고 이후의 성공은 쉽게 잊어버린다. 작은 핀도 구대륙에서는 흔했지만 신대륙에서는 귀한 물건이었고, 유리 구슬이 다이아몬드보다 더 큰 가치를 지닌 적도 있었다. 이처럼 낯선 곳에서 온 것은 그 자체로 새롭고 특별하게 받아들여진다. 어떤 사람들은 좁은 세계에서 무시당했지만, 더 넓은 무대로 나아가면서 명성을 얻었다. 외국에서는 출신지 덕분에 존경을 받고, 고향 사람들도 거리를 두고 바라보며 새롭게 평가하게 된다. 마치 숲에서 갓 잘려 나온 나무는 별것 아닌 것처럼 보이지만, 그것이 제단 위의 신성한 조각상이 되었을 때는 경외심을 갖고 바라보는 것과 같다.

스스로를 드러낼 때와
감출 때를 아는 것이야말로 진정한 지혜다

존경받고 싶다면 신중하게 행동하고, 지나치게 앞서 나가려 하지 마라. 좋은 평판을 얻는 가장 확실한 방법은 실력을 갖추는 것이며, 여기에 꾸준한 노력이 더해지면 더욱 빠르게 인정받을 수 있다. 하지만 성실하기만 해서는 부족하다. 지나치게 부지런하면 오히려 부담을 주어 좋은 평판을 해칠 수도 있다. 중요한 것은 균형을 유지하는 것이다. 실력을 쌓는 것도 중요하지만, 그것을 적절한 방식으로 드러내는 것이 더욱 필요하다.

바라는 것을 남겨둬야
행복이 지속된다

항상 바라는 것이 있어야 한다. 그래야만 행복 속에서도 불행을 느끼는 모순을 피할 수 있다. 인간의 몸이 숨을 쉬듯, 마음도 끊임없이 새로운 것을 원한다. 원하는 것을 모두 얻고 나면 남는 것은 실망과 불만뿐이다. 지성은 배울 것이 있어야 하고, 호기심은 채울 무언가를 찾아야 한다. 희망은 삶에 활력을 주지만, 지나친 만족은 오히려 위험할 수 있다. 누군가에게 보상을 할 때도 그들을 완전히 만족시키지 마라. 더 이상 바랄 것이 없는 사람은 결국 모든 것을 잃을 수도 있다. 욕망이 사라지는 순간 두려움이 시작되며, 가득 찬 행복은 오히려 공허함을 낳는다.

진정한 지혜는
어리석음을 아는 데서 시작된다

세상에는 바보처럼 보이는 사람이 실제로 바보이고, 그렇지 않아 보이는 사람들 중에도 절반은 바보다. 어리석음이 세상을 지배하고 있으며, 설령 지혜가 남아 있다 해도 신의 눈에는 그것조차 어리석음일 뿐이다. 가장 어리석은 사람은 자기만 똑똑하고 남들은 모두 어리석다고 믿는 사람이다. 진정한 지혜를 갖추려면 단순히 지혜롭게 보이는 것만으로는 부족하며, 스스로 지혜롭다고 여기는 태도는 더욱 어리석다. 참된 앎은 자신이 모른다고 인정하는 순간 시작된다. 다른 사람들은 보는데 자신만 보지 못할 때, 그것이야말로 제대로 보지 못하는 것이다. 세상은 어리석은 사람들로 가득 차 있지만, 정작 아무도 자신이 바보라고 인정하지 않으며, 그 어리석음에서 벗어나려 하지도 않는다.

제11장 도전과 균형의 길

행동은 삶의 본질이고,
말은 삶의 장식과 같다

사람은 말과 행동으로 자신의 가치를 증명한다. 훌륭한 말을 하고 명예로운 행동을 하라. 말은 지성을 드러내고, 행동은 고결한 마음을 보여주며, 이 둘은 모두 높은 정신에서 비롯된다. 말은 행동의 그림자와 같으며, 말이 부드러울수록 행동은 강인해야 한다. 타인을 칭찬하는 것보다 스스로 칭찬받을 만한 사람이 되는 것이 낫다. 말하는 것은 쉽지만 실천하는 것은 어렵다. 행동이야말로 삶의 본질이며, 지혜로운 말은 그저 장식에 불과하다. 위대한 업적은 행동을 통해 남지만, 말만으로는 금세 사라지고 만다. 깊은 성찰이 행동으로 결실을 맺으며, 말은 지혜를 담지만 행동은 강한 힘을 지닌다.

탁월함은 단순한 이름이 아니라, 실력과 성취로 입증되는 것이다

자신이 살아가는 시대에 진정으로 뛰어난 인물이 누구인지 알아야 한다. 그런 사람들은 많지 않다. 세상에는 단 한 명의 불사조가 있고, 단 한 명의 위대한 장군이 있으며, 단 한 명의 뛰어난 웅변가와 한 세기에 한 명의 지혜로운 사람이 있을 뿐이다. 수많은 왕들 중에서도 진정한 명군은 드물다. 평범한 사람들은 많지만, 그들이 큰 존경을 받는 일은 거의 없다. 반면, 위대한 사람들은 희귀하며, 완벽함을 요구받기 때문에 더욱 그 경지에 오르기 어렵다. 많은 이들이 스스로를 위대하다고 여기며 가이우스 율리우스 카이사르나 알렉산드로스 대왕과 비교하지만, 실천 없는 말은 아무런 의미가 없다. 탁월함은 단순한 이름이 아니라, 실력과 성취로 입증되는 것이다. 시대를 빛낸 이들을 기억하고, 그들의 흔적에서 배움을 얻어라. 진정한 위대함을 추구하는 길은 그들의 발자취를 따라가는 데 있다. 진정한 철학자는 극소수이며, 불멸의 명성을 얻은 화가는 오직 한 명의 아펠레스뿐이었다.

쉬운 일에 방심하면 실패할 수 있고, 어려운 일에 겁먹으면 시작조차 하지 못한다

　쉬운 일도 방심하지 말고, 어려운 일도 겁내지 마라. 그래야 지나친 자신감에 빠지지 않고 쉽게 낙담하지도 않는다. 어떤 일이 부담스럽다면, 그것을 이미 끝난 일처럼 여기면 된다. 하지만 성실한 노력은 불가능조차도 극복할 수 있다. 극도의 위험 속에서는 머뭇거리지 말고 즉시 행동하라. 어려움 앞에서 주저하지 말고, 앞으로 나아가라.

대수롭지 않게 여길 때,
진정으로 원하는 것들이 올 것이다

때로는 무관심이 가장 현명한 태도다. 원하는 것을 얻기 위해 지나치게 원하지 않는 듯 행동하는 것이 더 효과적일 때가 많다. 직접 쫓으면 보이지 않지만, 신경 쓰지 않으면 오히려 스스로 다가오는 법이다. 세상의 것들은 마치 그림자와 같아 쫓으면 멀어지고, 외면하면 따라온다. 또한 무관심은 가장 지혜로운 복수 방법이기도 하다. 절대 직접 나서서 자신을 변호하지 마라. 그렇게 하면 오히려 상대를 더 부각시키는 결과를 낳는다. 하찮은 자들은 종종 위대한 사람들을 공격함으로써 자신의 이름을 알리려 한다. 많은 이들이 상대할 가치도 없는 사람들에게 신경을 썼다가 오히려 그들을 유명하게 만드는 실수를 저질렀다. 망각만큼 확실한 복수는 없다. 그들을 그들의 무의미함 속에 묻어버려라. 어리석은 자들은 세상의 걸작과 위대한 업적을 불태워서라도 주목받으려 한다. 천박한 소음에 대한 최선의 대응은 무시하는 것이다. 반박하면 오히려 상대에게 힘을 실어주고, 그들의 말에 무게를 더해주는 것은 결국 스스로를 깎아내리는 일이다. 누군가 너를 흉내 내려 한다면 기뻐하라. 다만 그들의 모방이 네가 쌓아 올린 완벽함을 흐리게 할 수도 있음을 잊지 마라.

저속한 사람들의 말에 귀 기울이지 말고, 그들의 논리에 말려들지 마라

저속한 사람들은 어디에나 있다. 명망 높은 자리에서도, 뛰어난 가문에서도 예외는 없다. 누구나 자신의 주변에서 그들을 마주하게 된다. 저속한 사람들뿐만 아니라 지위가 높은 저속한 자들도 있으며, 이들은 더욱 위험하다. 그들은 마치 산산이 부서진 거울 조각처럼 저속함을 반영하며, 그 해악은 더욱 크다. 어리석은 말을 일삼고, 뻔뻔하게 남을 비난하며, 무지를 신봉하는 동시에 어리석음을 퍼뜨리는 데 열중한다. 그들의 말에 귀 기울일 필요가 없으며, 그들이 느끼는 것에는 더욱 무관심해야 한다. 하지만 그들이 누구인지 아는 것은 중요하다. 그래야 피할 수 있기 때문이다. 그들의 저속함에 동조하지도, 그들의 표적이 되지도 않도록 주의해야 한다. 모든 어리석음은 결국 저속함이며, 저속한 자들은 어리석은 자들의 집합체일 뿐이다.

우연히 일어나는 감정의 동요을
경계하라

감정을 다스릴 줄 알아야 한다. 예상치 못한 상황에서는 신중함이 흔들리기 쉽고, 이 순간이 가장 위험하다. 갑자기 화를 내거나 지나치게 기뻐하는 순간, 예상보다 더 많은 것을 잃을 수도 있다. 단 한 번의 감정적 실수가 평생 후회로 이어질 수도 있다. 교활한 사람들은 상대의 신중함을 깨뜨리고 속마음을 알아내기 위해 감정을 자극하는 함정을 만든다. 그들은 비밀을 캐내고, 뛰어난 재능을 가진 사람들의 심리를 파고든다. 그렇다면 이런 상황을 피하는 가장 좋은 방법은 무엇일까? 바로 자신을 통제하는 것이다. 특히 갑작스러운 충동에 휘둘리지 않도록 주의해야 한다. 감정을 마음대로 내버려 두지 않으려면 깊이 생각하는 습관이 필요하다. 말을 잘 다루는 사람이 지혜로운 것처럼, 감정을 다스릴 줄 아는 사람이야말로 진정으로 현명한 사람이다. 신중한 사람은 위험을 미리 예상하며, 격한 감정 속에서 내뱉은 말이 가볍게 들릴지라도, 그것을 듣고 깊이 생각하는 사람에게는 무겁게 다가온다는 사실을 잊지 말아야 한다.

236 | 2부 성공과 균형의 길

어리석음은 피해야 하지만,
과도한 고민으로 자신을 괴롭히지도 마라

어리석음이 삶을 망치지 않도록 조심하라. 지혜로운 사람도 너무 깊이 생각하다 보면 혼란에 빠질 수 있으며, 어리석은 사람은 조언을 듣지 않아 결국 그 조언이 없었더라면 겪지 않았을 어려움을 맞이한다. 이성을 너무 앞세우면 오히려 자신을 힘들게 할 수도 있다. 어떤 사람은 감정을 지나치게 받아들여 스스로를 괴롭히고, 어떤 사람은 감정을 억누르다 결국 무너진다. 후회를 전혀 하지 않는 것도 어리석지만, 반대로 후회에만 매달리는 것도 같은 실수다. 너무 많은 것을 알면 오히려 불행해질 수도 있다. 어떤 사람은 모든 것을 이해해서 괴로워하고, 어떤 사람은 아무것도 모른 채 살아간다. 많은 사람들이 어리석음 때문에 삶을 망치지만, 정작 진짜 어리석은 사람들은 쉽게 사라지지 않는다. 그들은 애초에 제대로 살아본 적이 없기 때문이다.

대중이 저지르는 어리석음에
휩쓸리지 말고 피하라

어리석음에서 벗어나려면 특별한 지혜가 필요하다. 많은 사람들이 관습이라는 이유로 어리석음을 당연하게 받아들이며, 개인적으로는 무지를 거부하면서도 다수의 무지에는 쉽게 휩쓸린다. 사람들은 자신이 가진 행운에 만족하지 못하고, 아무리 좋은 것을 가져도 불만을 느낀다. 반면, 지성에는 무관심하며, 그것이 아무리 부족해도 신경 쓰지 않는다. 스스로 자신의 행복을 망치는 사람일수록 남의 행복을 더 부러워한다. 오늘을 사는 사람들은 어제의 것을 찬양하고, 가까이에 있는 것보다 멀리 있는 것을 더 가치 있게 여긴다. 과거는 언제나 더 나아 보이고, 손에 닿지 않는 것은 더 귀중해 보인다. 세상을 비웃으며 냉소적인 태도를 보이는 사람이나 사소한 일에도 쉽게 상처받는 사람이나 결국 같은 어리석음 속에 머물러 있다.

진실을 다루는 능력은 사실을 말하는 것을 넘어, 그것을 어떻게 전달하느냐에 따라 결정된다

진실을 전하는 방법을 알아야 한다. 진실은 때때로 위험하지만, 올바른 사람이라면 이를 외면할 수 없다. 그러나 아무리 옳은 말이라도 전달하는 방식이 중요하다. 지혜로운 사람들은 진실을 부드럽게 전달하는 법을 터득했으며, 특히 그것이 누군가의 거짓을 드러낼 때 그 충격은 더욱 크다. 따라서 진실을 말할 때는 세심한 배려와 적절한 태도가 필요하다. 같은 사실이라도 어떤 이는 부드럽게 전해 받아들이기 쉽게 만들고, 어떤 이는 거칠게 말해 상대를 불쾌하게 만든다. 지혜로운 사람에게는 간단한 암시만으로도 충분하며, 때로는 말조차 필요하지 않다. 특히 권력자에게 불편한 진실을 직접 들이밀어서는 안 된다. 그들에게 깨달음을 주려면, 쓴 약에 금박을 입히듯 조심스럽게 전달해야 한다.

중요한 것은 과정이 아니라 끝이다

이 세상은 기쁨과 슬픔이 공존하는 곳이다. 천국에서는 모든 것이 만족스럽고, 지옥에서는 끝없는 고통만이 존재하지만, 우리가 살아가는 이곳은 두 극단 사이에 있다. 우리는 때로는 행복을 느끼고, 때로는 고통을 겪으며 살아간다. 운명은 변덕스럽기에 영원히 행복할 수도, 끝없이 불행할 수도 없다. 인생은 스스로 보면 아무 의미도 없는 '영(零)'과 같지만, 하늘의 뜻이 더해지면 큰 의미를 가진다. 세상의 변화에 휘둘리지 않는 것이 지혜이며, 현명한 사람은 늘 새로운 것만을 좇지 않는다. 우리의 삶은 마치 연극과 같아 한때 무대 위에서 펼쳐졌다가 결국 사라진다. 그러니 마지막 순간까지 후회 없이 마무리하는 것이 무엇보다 중요하다.

지식과 능력은 마르지 않는 샘물처럼 유지되어야 한다

　자신이 가진 모든 지식과 능력을 한 번에 드러내지 마라. 위대한 스승들은 가르치는 방식에서도 섬세함을 잃지 않는다. 언제나 우위를 유지하며 스승의 자리를 지켜야 한다. 자신의 능력을 보여줄 때도 신중해야 하며, 모든 것을 한 번에 드러내서는 안 된다. 가르침과 베풂의 원천을 쉽게 소진하지 말아야 한다. 그래야만 명성을 유지할 수 있으며, 사람들이 너에게 계속 의존하게 된다. 무엇을 가르칠 때든, 누군가의 요청을 들어줄 때든, 감탄을 이끌어내며 완벽함을 점진적으로 드러내야 한다. 중요한 일일수록 신중하게 접근하는 것이 승리로 가는 가장 확실한 길이다.

213 반박은 상대를 옭아매는 것이 아니라, 깊은 대화를 이끄는 기술이다

반박하는 기술을 익혀라. 이는 상대의 속마음을 끌어내고, 감정을 자극하는 강력한 도구다. 상대는 자신의 생각을 드러내지만, 너는 아무것도 노출하지 않는다. 반박을 적절히 활용하면 상대의 신뢰를 시험할 수 있으며, 때로는 스스로 비밀을 털어놓게 만들 수도 있다. 이는 굳게 닫힌 마음을 여는 열쇠와 같다. 신중하게 상대의 말을 무시하면, 그는 점차 더 많은 것을 이야기하게 되고 마침내 스스로 비밀을 드러낸다. 그 순간, 이를 포착할 기회를 잡아라. 신중한 사람의 침묵은 상대의 경계를 허물고, 중요한 순간에도 진심을 파악할 수 있게 한다. 가짜 의심은 호기심을 자극하는 효과적인 전략이며, 배움의 과정에서도 유용하다. 훌륭한 학생은 스승에게 질문하고 반박하며, 이를 통해 스승이 더욱 깊이 있는 설명을 하도록 유도한다. 신중하게 이의를 제기하면, 상대의 가르침은 더욱 완벽해진다.

하나의 어리석음을 바로잡으려다
또 다른 어리석음을 범하기 쉽다

같은 실수를 반복하지 마라. 우리는 실수를 바로잡으려다 오히려 더 큰 실수를 저지르는 경우가 많다. 거짓말이 또 다른 거짓말을 부르는 것처럼, 어리석음도 쉽게 이어진다. 누구나 실수할 수 있지만, 그 실수를 감추려 하거나 변명하다가 더 큰 문제를 만드는 것이 진짜 위험하다. 불완전함은 누구에게나 피곤한 일이지만, 이를 인정하지 않고 덮으려 하면 더 큰 대가를 치르게 된다. 가장 지혜로운 사람도 실수할 수 있지만, 그는 같은 실수를 반복하지 않는다. 실수에 빠질 수는 있어도, 그 실수 속에 머물러 살지는 않는다.

숨겨진 의도를 간파하라

겉과 속이 다른 사람을 조심하라. 이런 사람들은 상대의 결심을 흔들어 무너뜨리기 위해 다양한 술책을 사용한다. 한 번 마음이 흔들리면 그들은 쉽게 원하는 것을 얻는다. 이런 사람들은 본심을 감추고 마치 양보하는 듯 행동하지만, 결국은 자신에게 유리한 방향으로 상황을 이끈다. 목표를 정확히 겨냥하면서도 겉으로는 태연한 듯 행동해 자신의 의도를 들키지 않는다. 상대의 의도가 분명하지 않을 때는 더욱 경계를 늦추지 말아야 한다. 특히 그들의 계획을 미리 파악하는 것이 중요하다. 원하는 것을 얻기 위해 빙빙 돌아 접근하며, 말과 행동이 다를 때가 많다. 그들이 내미는 호의 속에 숨은 의도가 있을 수 있으니 신중하게 살펴야 한다. 때로는 상대가 속임수를 쓰고 있다는 사실을 눈치채고 있음을 은근히 알리는 것이 가장 효과적인 대응이 될 수도 있다.

명확하지 않은 생각은 제대로 된
판단과 결정을 내릴 수 없게 만든다

　자신의 생각을 분명하게 표현하라. 단순히 쉽게 말하는 것이 아니라, 논리적으로 정확하게 전달해야 한다. 아무리 좋은 생각을 가지고 있어도 표현하지 못하면 그 가치는 사라진다. 어떤 사람은 많은 것을 배웠음에도 정작 말로는 제대로 설명하지 못하고, 또 어떤 사람은 실제로 아는 것보다 더 많은 말을 쏟아낸다. 결단력이 의지의 힘이라면, 명확함은 지성의 힘이다. 생각을 정리하고 명확하게 전달하는 사람은 존경받지만, 애매한 표현을 쓰는 사람은 때때로 과대평가되기도 한다. 때로는 일부러 모호하게 말하는 것이 유리할 수도 있다. 하지만 스스로도 제대로 이해하지 못하는 말을 한다면, 과연 듣는 사람이 이해할 수 있겠는가?

영원히 사랑하지도,
영원히 미워하지도 마라

　감정은 영원하지 않다. 친구를 대할 때는 그들이 언젠가 가장 큰 적이 될 수도 있음을 염두에 두어야 한다. 세상에서는 이런 일이 자주 일어나므로 미리 대비하는 것이 현명하다. 가까웠던 사람이 등을 돌릴 때, 네가 스스로 제공한 약점이 그들의 무기가 되지 않도록 조심해야 한다. 반대로, 적을 대할 때는 언제든 화해할 수 있도록 여지를 남겨두어야 한다. 특히 품격 있는 태도를 유지하는 것이 가장 안전한 방법이다. 복수의 순간은 달콤할지 몰라도 결국 후회로 돌아오기 쉽고, 누군가를 해친 만족감도 시간이 지나면 불편한 기억이 된다.

고집은 감정에서 비롯된 장애물과 같으며, 결국 주변에 갈등을 일으킨다

감정에 휘둘리지 말고 신중하게 판단하라. 고집스럽게 밀어붙이는 결정은 결국 해로우며, 숙고 없이 내린 판단은 좋은 결과를 가져오지 않는다. 어떤 사람들은 모든 상황을 전쟁처럼 여기고, 마치 약탈자처럼 행동하며 늘 다른 사람을 이기려 한다. 이들은 협력과 공존을 모른 채 갈등을 조장하며, 특히 지도자의 위치에 있을 때 더욱 위험하다. 함께해야 할 사람들을 적으로 만들고, 조직을 분열시키며, 모든 일을 비밀스럽게 처리하려 한다. 그들은 자신의 성공이 책략 덕분이라고 믿지만, 주변 사람들이 그들의 모순을 깨닫게 되면 분노와 반발이 일어나 결국 그들의 계획은 무너진다. 스스로 감당할 수 없는 문제를 만들고, 타인들은 그들의 몰락을 비웃으며 조롱한다. 결국 판단력은 흐려지고, 나아가 내면까지 병들게 된다. 이런 사람들을 상대하는 가장 현명한 방법은 가능한 한 거리를 두는 것이다. 거친 야만성은 견딜 수 있지만, 그들의 교묘하고 잔혹한 태도는 더욱 감당하기 어렵기 때문이다.

교활함이 아닌 현명함으로
존경받아라

너무 쉽게 속마음을 드러내지 마라. 하지만 그렇다고 해서 아무런 대비 없이 살아서도 안 된다. 중요한 것은 신중함과 교활함의 차이를 아는 것이다. 누구나 정직한 대우를 받길 원하지만, 정작 자신은 남을 정직하게 대하지 않는 경우가 많다. 지나치게 솔직하면 어리숙해 보일 수 있고, 지나치게 영리하면 교활하게 보일 수 있으니 그 균형을 잘 맞춰야 한다. 지혜로운 사람으로 존경받는 것이 은밀한 계산가로 두려움을 사는 것보다 낫다. 성실한 사람은 사랑받지만, 쉽게 속임을 당하기도 한다. 최고의 전략은 지나친 계산을 감추는 것이다. 과도한 계산은 종종 기만으로 여겨지기 때문이다. 순수함이 지배했던 황금시대는 지나갔고, 지금은 의심과 악의가 만연한 시대다. 유능한 사람으로 인정받는 것은 명예로운 일이지만, 지나치게 영리한 사람으로 보이면 오히려 의심을 사기 쉽다.

시대를 따를 줄 아는 사람은
곧 시대를 이끌 줄 아는 사람이다

힘이 부족하다면 지혜를 활용하라. 사자의 가죽을 쓸 수 없다면 여우의 가죽을 써야 한다. 시대에 적응하는 것이 곧 시대를 앞서는 길이며, 원하는 것을 얻는다면 명성은 훼손되지 않는다. 때로는 용기를 내어 정면 돌파해야 하고, 때로는 전략적인 지름길을 택해야 한다. 지식과 기술이 종종 힘보다 더 큰 성과를 이루었으며, 지혜로운 사람이 용맹한 사람을 이긴 사례가 더 많다. 원하는 것을 얻지 못하면 오히려 무시당할 위험이 있다.

타인의 품위를 훼손하는 이는 가까이할수록 불필요한 갈등에 휘말리게 할 뿐이다

성급한 행동으로 자신과 타인을 위험에 빠뜨리지 마라. 어떤 사람들은 자신의 품위뿐만 아니라 타인의 품위까지 떨어뜨리는 장애물이 된다. 그들은 늘 어리석음의 경계에 서 있으며, 눈에 띄기 쉽지만 함께 지내기는 어렵다. 하루에도 수십 번씩 짜증을 내고, 모든 것에 불만을 품으며, 만나는 사람마다 반대 의견을 내세운다. 그들의 판단은 왜곡되어 있고, 무엇이든 부정적으로 바라본다. 하지만 우리의 인내심을 가장 시험하는 사람들은 정작 자신은 아무것도 제대로 하지 못하면서 남을 비난하는 자들이다. 불만이 가득한 세상에는 끝없는 문제와 수많은 장애물이 도사리고 있다.

제12장 올바른 판단과 신중함

자제는 인간이 가질 수 있는
최고의 미덕이다

　신중하게 고민하는 것은 자제의 한 형태다. 말은 한 번 내뱉으면 되돌릴 수 없으며, 때로는 침묵이 더 현명한 답이 된다. 혀는 길들여지지 않은 야수와 같아서 한 번 풀려나면 다시 통제하기 어렵다. 말은 영혼의 맥박과도 같으며, 지혜로운 사람들은 이를 통해 상대의 성향을 파악하고, 주의 깊은 사람들은 그 속마음을 읽는다. 하지만 아이러니하게도, 가장 조심해야 할 사람이 오히려 신중하지 못한 경우가 많다. 지혜로운 사람은 불필요한 위험을 피하고, 자제력을 지키며 신중함을 실천한다. 신중한 사람은 공정함을 유지하는 야누스이자, 경계심을 갖춘 아르고스와 같다. 만약 더 나은 모모스가 있었다면, 가슴에 창을 내는 대신 손에 눈을 달았을 것이다.

　지나치게 튀지 않도록 조심하라. 어떤 사람들은 의도적으로 눈에 띄려 하거나 자신도 모르게 과장된 행동을 하지만, 이는 개성이 아니라 단점으로 작용할 수 있다. 어떤 이는 얼굴의 독특한 흉터로 유명해지지만, 괴짜들은 지나친 행동 방식으로 기억된다. 너무 특별해 보이려는 태도는 오히려 명성을 해칠 뿐이다. 자신만의 독특한 행동이 누군가에게는 재미있게 보일 수도 있지만, 다른 누군가에게는 불쾌감을 줄 수도 있다. 눈길을 끌려고 지나치게 애쓰다 보면, 오히려 부정적인 평가를 받을 위험이 크다.

좋은 것도 칼날 쪽을 잡으면 상처를 입고,
해로운 것도 칼자루 쪽을 잡으면 보호받는다

모든 일은 받아들이는 태도에 따라 달라진다. 누군가 너에게 거칠게 행동했다고 해서 너도 똑같이 대응할 필요는 없다. 세상의 모든 일에는 좋은 면과 나쁜 면이 함께 존재한다. 칼을 날카로운 칼날로 잡으면 다치지만, 손잡이를 잡으면 안전하게 사용할 수 있는 것과 같다. 마찬가지로, 고통스러운 상황에서도 장점을 찾아낼 수 있으며, 이를 긍정적으로 받아들이면 오히려 기쁨이 될 수도 있다. 중요한 것은 어떤 상황에서도 긍정적인 면을 발견하는 것이다. 같은 경험을 하고도 어떤 사람은 행복을 느끼고, 어떤 사람은 슬픔만을 느낀다. 결국, 긍정적인 시각을 유지하는 것이 삶에서 가장 확실한 방어책이며, 모든 상황에서 너를 지켜줄 수 있는 중요한 원칙이다.

단점은 숨길수록 더 강해지지만, 드러내면 극복의 첫걸음을 뗄 수 있다

자신의 가장 큰 약점을 정확히 알아야 한다. 누구에게나 장점이 있듯이 단점도 존재한다. 하지만 이 단점을 방치하면 점점 커져 결국 너를 지배할 수도 있다. 이를 극복하려면 먼저 스스로 인정하고 주의를 기울여야 한다. 자신의 약점을 깨닫는 순간부터 극복이 시작된다. 남들이 지적해 주기를 기다리지 말고, 스스로 먼저 관심을 가져야 한다. 자기 자신을 다스리려면 먼저 깊이 돌아봐야 하며, 가장 큰 약점을 극복하면 다른 단점들도 자연스럽게 해결될 것이다.

호의를 베풀되, 신중하라

사람들의 호감을 얻는 것이 중요하다. 많은 사람들은 자신의 본모습보다 처한 상황에 따라 행동하며, 우리는 흔히 나쁜 소문을 쉽게 믿고, 때로는 믿기 어려운 이야기조차 받아들이게 된다. 우리가 가진 가장 중요한 자산 중 하나는 타인의 존경이다. 어떤 사람들은 자신이 옳다는 사실만으로 만족하지만, 그것만으로는 충분하지 않다. 부지런해야 하고, 사람들의 마음을 얻어야 한다. 타인의 호감을 사는 데 많은 비용이 들지 않지만, 그 가치는 매우 크다. 말 한마디로 신뢰를 얻을 수 있으며, 세상에는 사소해 보이지만 꼭 필요한 것들이 많다. 일 년에 한 번이라도 쓰이는 물건이 하찮아 보여도 결국 필요하듯이, 사람들의 감정 또한 판단에 큰 영향을 미친다. 그러므로 사람들의 이야기를 들을 때, 그들의 감정이 결정을 좌우한다는 점을 기억해야 한다.

첫인상에 쉽게 휘둘리는 것은 자신의 지혜와 깊이가 부족함을 드러낼 뿐이다

처음 들은 정보를 그대로 믿지 마라. 어떤 사람들은 첫인상에 쉽게 휘둘리고, 이후에 들어오는 사실들은 대수롭지 않게 여긴다. 하지만 기만은 언제나 진실보다 먼저 도착하기 때문에 신중하지 않으면 진실이 설 자리를 잃게 된다. 처음 접한 목표나 주장을 무턱대고 받아들이지 말고, 한 번 더 깊이 생각해야 한다. 생각이 얕은 사람일수록 즉각적인 인상에 쉽게 빠진다. 어떤 사람들은 새 술잔과 같아서, 처음 채운 액체의 향을 영원히 머금는다. 그것이 좋은 것이든 나쁜 것이든 말이다. 이런 점을 악용하는 사람들은 속임수를 꾸며 신뢰하는 사람들의 생각을 자신이 원하는 방향으로 이끈다. 그러므로 모든 일을 두 번, 세 번 검토하는 습관을 가져야 한다. 알렉산더 대왕은 한쪽 귀로만 듣지 않고, 항상 다른 한쪽 귀를 열어 반대 의견을 들었다. 다양한 정보제공자의 말을 주의 깊게 듣는 것이 중요하다. 쉽게 감동하는 것은 깊이가 부족하다는 뜻이며, 이는 감정에 휩쓸리는 것과 다를 바 없다.

험담은 결국 자신을 무너뜨린다

남의 험담을 말하는 습관을 버려라. 타인의 명성을 깎아내리며 자신을 돋보이려 해서는 안 된다. 다른 사람을 비웃거나 헐뜯는 것은 재치가 아니라 비열한 행동이다. 결국 험담을 하는 사람은 언젠가 보복을 당하게 되며, 많은 사람을 적으로 돌릴 위험이 있다. 타인의 불행을 가볍게 여기거나 그것을 이야기하는 것은 신뢰를 잃는 지름길이다. 소문을 퍼뜨리는 사람은 언제나 경멸받으며, 비록 높은 사람들과 어울릴 기회가 있더라도 지혜로운 사람으로 인정받기보다 단순한 오락거리로 취급될 뿐이다. 결국 남을 험담하는 사람은 자신이 더 심한 비난의 대상이 되고 만다.

휴식 없이 달리는 삶은 쉬어갈 여관이 없는 장거리 여행처럼 지치고 고통스러울 뿐이다

인생은 계획적으로 나누어 살아야 한다. 생각 없이 흘러가는 대로 살면 지치고 혼란스러워질 뿐이다. 쉼 없이 달리기만 하는 삶은 마치 긴 여행을 하면서 쉴 곳이 없는 것처럼 힘들기 때문이다. 인생을 더욱 의미 있고 즐겁게 만드는 것은 다양한 배움이다. 먼저, 책을 통해 과거의 지혜를 배우는 것이 중요하다. 책을 읽는 것은 이미 세상을 떠난 현명한 사람들과 대화하는 것과 같으며, 이를 통해 우리는 스스로를 이해하고 더욱 지혜로운 사람이 될 수 있다. 다음으로는 세상 속에서 직접 경험하며 배우는 것이다. 다양한 사람들과 어울리고, 세상의 아름다움을 찾아 여행하며 새로운 문화를 접하는 과정은 삶을 더욱 풍요롭게 만든다. 때로는 예상치 못한 곳에서 가장 값진 보물을 발견하기도 한다. 마지막으로, 오롯이 자신을 위한 시간을 가지는 것이 필요하다. 깊이 생각하며 스스로를 돌아보는 시간은 그 어떤 즐거움보다 소중하다. 이렇게 인생을 단계적으로 나누어 살아가는 것이 현명하고 충만한 삶을 위한 가장 좋은 방법이다.

제때 보고 깨닫지 않으면,
기회는 사라진다

진정한 깨달음은 때를 놓치지 않는 데서 시작된다. 눈을 뜨고 있다고 해서 모두가 제대로 보고 있는 것은 아니며, 바라본다고 해서 모든 것을 이해하는 것도 아니다. 너무 늦게 깨닫게 되면 후회와 슬픔만이 남는다. 어떤 사람들은 모든 것을 잃고 나서야 비로소 현실을 직시한다. 기회를 놓친 뒤에야 그것이 얼마나 소중했는지 깨닫고, 삶의 방향을 잃은 후에야 스스로를 돌아보려 한다. 그러나 의지가 없는 사람에게 깨달음을 주는 것은 어렵고, 이해력이 부족한 사람에게 강한 의지를 심어주는 것은 더욱 힘들다. 세상은 이런 사람들을 마치 장님처럼 조롱하며 외면한다. 그들은 조언을 들으려 하지 않기에 끝내 눈을 뜨지 못하고, 일부는 오히려 이런 무지를 이용하여 자신의 이익을 채우려 한다. 스스로를 지키지 못하는 사람은 결국 타인의 뜻에 휘둘릴 수밖에 없다. 눈 먼 주인을 둔 말은 불행하다. 그는 결코 건강하게 자랄 수도, 자유롭게 달릴 수도 없을 것이다.

준비가 끝나기 전에는
결코 그것을 드러내지 마라

   무언가를 완성하기 전에는 섣불리 드러내지 마라. 무엇이든 온전히 완성된 뒤에야 제대로 즐길 수 있다. 모든 시작은 형태를 갖추지 못한 채 혼란스럽고, 그 과정이 드러나면 완성된 후에도 미완성의 흔적이 남아 감상의 즐거움을 방해할 수 있다. 거대한 대상을 한눈에 보면 세부를 음미하는 기회는 줄어들지만, 전체적인 감각을 만족시킬 수 있다. 존재하기 전에는 아무것도 아니며, 막 시작된 것은 아직 존재하지 않는 것과 다를 바 없다. 가장 훌륭한 요리도 조리 과정만 보면 불쾌할 수 있다. 위대한 창작자들은 작품이 완성되기 전까지 그 모습을 공개하지 않는다. 자연을 본받아라. 태양도 충분히 빛을 발할 때까지 모습을 드러내지 않는다.

진정한 지혜는 삶의 실제에
유용하게 쓰일 때 비로소 빛난다

지혜만으로는 충분하지 않다. 아는 것을 실제로 적용할 줄 알아야 한다. 모든 것이 이론에만 머물러서는 안 되며, 행동이 따라야 한다. 가장 지혜로운 사람일수록 오히려 속기 쉬울 수도 있다. 그들은 비범한 지식을 가질 수 있지만, 정작 삶의 기본적인 필요에는 서툴 수 있다. 숭고한 것을 깊이 탐구하는 동안 평범하고 단순한 것들을 놓치기 때문이다. 이 때문에 세상일에 익숙하지 않아 보통 사람들에게는 신기한 존재로 보이거나 때로는 어리석게 여겨질 수도 있다. 따라서 지혜로운 사람도 실용적인 면을 갖춰야 한다. 그래야만 속임수에 넘어가지 않고, 세상의 조롱을 받지 않는다. 실생활에서 문제를 해결할 줄 알아야 한다. 그것이 삶에서 가장 고귀한 것은 아닐지라도, 가장 필수적인 능력이다. 아무리 뛰어난 지식이라도 현실에서 쓸모가 없다면 무슨 의미가 있겠는가? 오늘날 진정한 지혜는 단순히 아는 것이 아니라, '어떻게 살아야 하는지 아는 것'에 있다.

어떤 사람에게는 기쁨이 될 행동이,
또 다른 사람에게는 모욕이 될 수도 있다

　다른 사람을 기쁘게 하려면 그들의 취향을 제대로 이해해야 한다. 그렇지 않으면 호의를 베풀려다 오히려 불편함을 줄 수도 있다. 어떤 사람들은 상대를 즐겁게 하려 하지만, 그 방법이 어긋나 결국 성가신 존재가 된다. 이는 상대방이 무엇을 좋아하고 싫어하는지 제대로 파악하지 못했기 때문이다. 같은 말과 행동이라도 어떤 사람에게는 칭찬이지만, 다른 사람에게는 모욕이 될 수 있다. 좋은 의도로 한 일이 오히려 불쾌감을 줄 수도 있다. 사실 사람을 기쁘게 하는 것이 불쾌하게 만드는 것보다 더 쉬울 때도 있다. 하지만 방법을 잘못 선택하면 고맙다는 말은커녕 오히려 불편한 기색을 보이게 된다. 상대의 성향을 모르면 아무리 노력해도 만족시킬 수 없다. 그래서 어떤 사람들은 칭찬한다고 생각하지만, 실제로는 상대를 불쾌하게 만들기도 한다. 이는 어쩌면 당연한 결과다. 또 어떤 사람들은 자신의 말솜씨가 상대를 즐겁게 한다고 믿지만, 실상은 끝없이 말을 늘어놓아 상대를 피곤하게 만들고 있을 뿐이다.

명예를 타인에게 맡길 때는
상대방과 위험과 책임을 함께 나누어라

자신의 명예를 다른 사람에게 맡길 때는, 그 사람이 내 명예를 지키는 것이 곧 자신의 명예를 지키는 일이 되도록 만들어야 한다. 상대가 경솔한 말로 내 평판에 해를 끼치면, 결국 본인도 피해를 입게 되므로 서로 더욱 신중하게 행동할 수 있다. 명예가 걸린 일에서는 서로의 이익이 일치해야 한다. 그래야 상대가 내 명예를 지키려는 이유가 생긴다. 가장 확실한 방법은 누구에게도 쉽게 속마음을 털어놓지 않는 것이다. 하지만 꼭 신뢰할 사람이 필요하다면, 그가 신중하게 행동할 수 있도록 상황을 조성해야 한다. 위험과 책임을 함께 나누어야만 상대도 공동의 이익을 위해 노력하며, 믿었던 사람이 나중에 내게 불리한 증인이 되는 일을 막을 수 있다.

부탁은 단순한 요청이 아니라, 사람의 심리와 관계를 이해하고 활용하는 기술이다

부탁을 효과적으로 하는 방법을 알아야 한다. 어떤 사람들에게는 쉬운 일이지만, 어떤 사람들에게는 어려운 일이다. 거절을 잘 못 하는 사람에게는 특별한 노력 없이도 원하는 것을 얻을 수 있지만, 쉽게 거절하는 사람에게는 더 많은 설득이 필요하다. 중요한 것은 적절한 순간을 포착하는 것이다. 상대가 기분이 좋을 때 부탁하는 것이 가장 효과적이며, 특히 즐거운 경험을 한 직후가 좋은 타이밍이다. 사람들은 기분이 좋으면 호의를 베풀기 쉬워진다. 하지만 상대가 이러한 의도를 눈치챌 만큼 신중한 사람이라면 더 조심해야 한다. 또한, 누군가가 거절당하는 모습을 보았다면 그 순간에는 부탁하지 않는 것이 좋다. 이미 "아니오"라고 말할 준비가 되어 있기 때문이다. 슬픔에 빠진 사람에게 부탁하는 것도 효과적이지 않다. 미리 상대에게 작은 호의를 베풀게 만들어두는 것은 좋은 전략이 될 수 있지만, 상대가 비열하거나 책임감이 없는 사람이라면 그 호의를 되갚아야 한다는 의무조차 느끼지 않을 수도 있다.

미리 베푸는 호의는 상대에게
더 큰 고마움과 갚아야 할 의무로 자리 잡는다

보상을 단순한 의무가 아니라 은혜로 느끼게 만드는 것은 훌륭한 전략이다. 공적에 대한 보상을 주는 것보다 호의를 베푸는 것이 더 품격 있는 태도다. 특히 빠르게 베푼 호의는 두 배로 가치가 있다. 보상을 미리 주면 받는 사람은 더욱 큰 책임감을 느끼고, 단순한 의무감이 감사로 바뀌게 된다. 이렇게 미묘한 차이를 통해 처음에는 빚을 갚는 입장이었던 사람이 결국 은혜를 입은 채로 남게 된다. 그러나 이러한 방식은 교양 있는 사람들에게만 효과적이다. 비열한 사람에게는 선불로 주어진 보상이 채찍이 아니라 족쇄가 될 뿐이다.

236

비밀은 관계를 위태롭게 할 수 있고,
친구 사이에서도 갈등의 씨앗이 될 수 있다

　권력자와 비밀을 공유하는 것은 위험하다. 너는 함께 열매를 나눈다고 생각할지 모르지만, 결국 남는 것은 껍질뿐이다. 많은 사람이 권력자의 비밀을 맡았다가 파멸했다. 마치 빵껍질로 만든 숟가락처럼, 필요할 때는 쓰이다가 쓰임이 끝나면 버려진다. 권력자의 비밀을 듣는 것은 특권이 아니라 짐이다. 사람들은 자신의 추한 모습을 비추는 거울을 깨뜨리려 한다. 자신을 본 사람을 견디지 못하기 때문이다. 불리한 진실을 알고 있는 사람은 그 존재만으로도 위협이 된다. 특히 강한 자들에게는 빚을 지지 마라. 받는 것이 아니라 베푸는 관계를 유지해야 한다. 가장 위험한 것은 친구의 비밀이다. 비밀을 털어놓는 순간, 스스로 약점을 드러내고 구속당할 수 있다. 권력자는 이런 얽매임을 용납하지 않는다. 잃어버린 자유를 되찾기 위해서라면, 그들은 이성과 도덕까지 짓밟을 수도 있다. 그러니 비밀은 듣지도 말고, 말하지도 마라.

자신의 부족함을 인정하고 개선하려는
노력만이 완성된 사람을 만들어 준다

스스로의 부족함을 아는 것이 성장의 시작이다. 많은 사람들은 완전한 존재가 되기 위해 꼭 필요한 한 가지를 갖추지 못해 불완전하게 남는다. 단 몇 가지 요소만 보완했더라도 훨씬 더 큰 사람이 될 수 있었던 이들도 있다. 어떤 사람은 진지함이 부족해 뛰어난 재능이 제대로 빛을 발하지 못하고, 어떤 사람은 부드러움이 부족해 권력을 가졌을 때조차 가까운 사람들에게 아쉬움을 남긴다. 또 어떤 사람은 결단력이 부족해 기회를 놓치고, 반대로 어떤 사람은 충분히 고민하지 않아 실수를 반복한다. 하지만 스스로 이러한 결점을 인식하면 쉽게 보완할 수 있다. 작은 습관 하나가 변하면 그것이 자연스럽게 제2의 본성이 되어 부족함을 채워줄 것이다.

가장 예리한 칼날이 쉽게 부러지는 것처럼, 지나친 명석함은 때로 위험을 초래한다

똑똑해 보이려 애쓰지 마라. 신중하게 행동하는 것이 더 큰 가치를 가진다. 너무 꾀를 부리면 중요한 본질을 놓치거나 오히려 자신이 손해를 볼 수도 있다. 과하게 세련된 표현은 무딘 칼처럼 효과를 잃는다. 상식을 따르는 것이 더 안전한 길이다. 뛰어난 지성을 갖는 것은 좋지만, 그것이 과한 자기 과시로 변해서는 안 된다. 지나친 논리는 불필요한 논쟁을 불러오기 쉽다. 진정으로 중요한 것은 언제 사고해야 할지를 아는 것이며, 필요할 때만 신중하게 판단하는 것이 더 큰 지혜가 된다.

무지해서는 안 되지만,
필요할 때는 모르는 척할 줄도 알아야 한다

어리석음을 적절히 활용하는 것이 때로는 지혜가 될 수도 있다. 가장 현명한 사람도 필요할 때는 일부러 모르는 척하거나 어리석게 행동하는 전략을 사용한다. 항상 지혜롭게 보이는 것이 능사는 아니며, 때로는 지혜가 없는 듯 행동하는 것이 더 유리할 때가 있다. 반드시 무지할 필요는 없지만, 상황에 따라 무지한 척할 줄 아는 것도 하나의 기술이다. 지혜는 어리석은 자들에게는 별 의미가 없으며, 광인은 이성을 중요하게 여기지 않는다. 그러므로 사람들에게는 그들이 이해할 수 있는 방식으로 말해야 한다. 진짜 어리석은 사람은 어리석음을 가장하는 사람이 아니라, 스스로 어리석음을 자각하지 못하는 사람이다. 의도적으로 계산된 어리석음은 더 이상 어리석음이 아니다. 세상에서 인정받고 싶다면 때로는 순진한 모습을 보일 줄도 알아야 한다.

농담을 할 때는 멈출 타이밍을 아는 것이 중요하다

농담을 할 때는 신중해야 한다. 자신이 농담의 대상이 되는 것은 가볍게 받아들이면 되지만, 타인을 웃음거리로 삼으면 불필요한 갈등을 초래할 수 있다. 유머를 전혀 받아들이지 못하는 사람은 오히려 더 무례하게 보일 수도 있다. 좋은 농담은 분위기를 밝게 만들고, 이를 유쾌하게 받아들일 줄 아는 것도 하나의 재능이다. 하지만 농담에 과하게 불쾌한 반응을 보이면 오히려 사람들이 더 집요하게 놀릴 수도 있다. 농담을 할 때는 멈출 타이밍을 아는 것이 중요하며, 상대가 불편해할 수 있는 말은 피하는 것이 좋다. 사소한 농담이 예상치 못한 큰 문제로 번지는 경우는 많다. 따라서 농담은 신중하게 해야 하며, 시작하기 전에 상대가 어디까지 받아들일 수 있는지 먼저 살펴야 한다.

제13장 끊임없는 자기 개선

시작한 일을 끝까지 마무리하는 것, 그것이 곧 능력과 의지의 증명이다

승리는 끝까지 완성해야 한다. 어떤 사람들은 시작할 때만 열정을 쏟고 마무리는 소홀히 한다. 변덕스러운 성향을 가진 사람들은 쉽게 일을 시작하지만 끝까지 지속하지 못한다. 그들은 마지막까지 밀어붙이지 않기 때문에 칭찬받을 기회조차 얻지 못한다. 그들에게 모든 일은 끝나기도 전에 이미 끝난 것이나 마찬가지다. 어떤 민족이나 문화는 성향에 따라 일의 마무리 방식이 다르다. 예를 들어, 벨기에는 인내심으로, 스페인은 조급함으로 알려져 있다. 벨기에는 일을 철저히 끝마치지만, 스페인은 중간에 마무리를 서두르는 경향이 있다. 스페인인은 어려움을 극복하고 정복하는 데 만족하지만, 승리를 확실히 마무리할 줄 모른다. 그는 능력이 있음을 증명하지만, 그 능력을 끝까지 발휘하지 않는다. 이것은 변덕스러움의 표시이거나, 처음부터 무모한 도전을 했음을 의미한다. 가치 있는 일이라면 반드시 끝까지 해내야 한다. 끝까지 할 가치가 없다면 애초에 시작할 이유도 없는 것이다. 지혜로운 사람은 단순히 사냥감의 뒤를 쫓는 것에서 멈추지 않고, 마지막 순간까지 최선을 다해 확실한 승리를 거둔다.

비둘기의 순진함과
뱀의 교활함을 겸비하라

순진하기만 해서는 안 된다. 상황에 따라 뱀의 지혜와 비둘기의 순수를 적절히 활용해야 한다. 착한 사람일수록 속기 쉬운 법이다. 거짓말을 하지 않는 사람은 남의 말을 쉽게 믿고, 남을 속이지 않는 사람은 타인을 쉽게 신뢰한다. 속는 것이 꼭 어리석다는 증거는 아니지만, 지나치게 순진하면 결국 이용당하기 쉽다. 위험을 미리 감지하는 사람은 두 가지 유형이 있다. 하나는 직접 대가를 치르며 배우는 사람이고, 다른 하나는 남의 실수를 보며 미리 깨닫는 사람이다. 문제를 미리 예상하는 데는 신중해야 하며, 문제가 생겼을 때는 재빨리 빠져나올 줄 알아야 한다. 너무 착하면 오히려 남들에게 이용당할 기회를 주는 것과 같다. 뱀처럼 지혜롭되, 비둘기처럼 순수함도 잃지 마라. 괴물이 되지 말고, 현명하고 강한 존재가 되어라.

호의를 베풀되, 호의를 빼앗기지 않는 지혜를 가져야 한다

자연스럽게 상대에게 빚을 지게 만드는 방법을 알아야 한다. 어떤 사람들은 자신의 이익을 마치 타인의 이익인 것처럼 포장한다. 겉으로는 호의를 베푸는 것처럼 보이지만, 실제로는 스스로 더 큰 이득을 취하는 것이다. 어떤 이는 너무 영리해서 부탁을 하면서도 상대에게 명예를 부여하고, 자신의 이득을 상대의 영광으로 둔갑시킨다. 그들은 상대가 당연히 보답해야 하는 분위기를 조성하여 마치 은혜를 갚는 듯한 상황을 만든다. 더욱 교묘한 사람들은 도움을 주고받는 순서를 조작하여, 누가 누구에게 호의를 베푼 것인지조차 헷갈리게 만든다. 단순한 칭찬 한마디로 가장 좋은 것을 얻어내고, 자신이 원하는 것을 좋아한다고 드러내는 것만으로도 상대방이 명예와 아첨을 느끼게 만든다. 이들은 다른 사람의 친절을 자연스럽게 의무로 바꿔 놓으며, 본인이 오히려 감사해야 할 상황을 상대의 빚으로 전환한다. '은혜를 입다'보다는 '은혜를 베풀다'라는 표현을 더 자주 사용하며, 문법이 아니라 관계의 흐름을 조종하는 데 능하다. 이런 미묘한 책략을 간파하고, 그들의 술수를 무력화하며, 상대가 쥐고 있던 우위를 되찾는 것이야말로 더욱 정교한 기술이다.

평범함을 넘어서
독창적으로 생각하라

때로는 일반적인 생각을 뛰어넘는 사고가 필요하다. 이는 오직 뛰어난 사람만이 가질 수 있는 능력이다. 언제나 너에게 동의하는 사람을 높이 평가하지 마라. 그들이 정말 너를 존중해서가 아니라, 사실은 자기 자신만을 생각하는 것일 수도 있다. 아첨에 속지 말고, 그것을 보상하기는커녕 단호하게 거절해야 한다. 좋은 사람들을 헐뜯는 자들에게 비판을 받는 것은 오히려 자랑스러워해야 할 일이다. 모두가 환영하는 일이 있다면 오히려 의심해야 한다. 모든 사람이 좋아하는 것은 보통 특별하지 않기 때문이다. 진정한 완벽함은 언제나 소수만이 알아보고 가질 수 있는 법이다.

변명은 요청받기 전에는
하지 마라

불필요한 변명은 하지 마라. 특히 아무도 묻지 않았는데 스스로 해명하는 것은 오히려 스스로 잘못을 인정하는 것처럼 보일 수 있다. 마치 건강한 몸에서 불필요하게 피를 빼면 오히려 병을 부르는 것처럼, 지나친 해명은 오해와 의심을 키운다. 스스로 변명하려는 태도는 잠들어 있던 의심을 깨우는 법이다. 신중한 사람은 타인의 의심 앞에서 불안하게 행동하지 않는다. 오히려 조급하게 해명하는 것은 불필요한 모욕을 자초할 수도 있다. 그러므로 그는 단호하고 올바른 태도로 의심을 무시할 줄 알아야 한다.

조금 더 배우고,
조금 덜 바쁘게 살아라

조금 더 깊이 생각하고, 조금 덜 바쁘게 살아라. 어떤 사람들은 끊임없이 바쁜 것이 미덕이라고 여기지만, 불필요한 일에 매달리기보다 여유를 가지는 것이 더 현명하다. 우리가 진정으로 소유할 수 있는 것은 시간뿐이며, 그것은 가장 약한 사람들에게도 주어진 유일한 안식처다. 삶은 소중하다. 단순히 기계처럼 일만 하며 시간을 보내는 것도, 너무 고상한 것에만 집착하는 것도 어리석다. 지나치게 일에 몰두하거나 질투로 스스로를 괴롭히면 결국 삶을 낭비하고 마음을 지치게 할 뿐이다. 어떤 사람들은 이 원칙을 지식에도 적용하려 하지만, 아무것도 모르면 제대로 살아갈 수도 없다. 바쁜 삶 속에서도 적당한 여유를 가지며 지혜를 쌓는 것이야말로 진정으로 가치 있는 삶을 만드는 길이다.

새로운 것에 지나치게 휘둘리지 마라. 경솔한 사람들은 쉽게 극단으로 치닫고, 어떤 이들은 가장 최근에 들은 것만을 진실로 믿는다. 그들의 생각과 욕망은 마치 밀랍처럼 변덕스러워, '최신'이라는 이유만으로 무엇이든 쉽게 받아들이고 이전의 것들은 금세 잊어버린다. 이런 사람들은 쉽게 설득할 수 있지만, 그만큼 쉽게 변하기도 한다. 누구나 그들에게 원하는 색을 입힐 수 있으며, 신뢰할 수 없는 조언자가 되기 쉽다. 마치 아직 성숙하지 못한 아이처럼 판단이 흔들리고, 감정과 이성이 균형을 잃어 이리저리 흔들린다.

삶의 끝에서 시작하지 말고,
중요한 일부터 하라

삶을 시작해야 할 때를 놓치지 마라. 어떤 사람들은 처음부터 편하게 살다가, 마지막 순간에 가서야 뒤늦게 노력하지만 결국 지쳐버린다. 가장 중요한 일부터 먼저 하고, 시간이 남으면 덜 중요한 일을 해야 한다. 하지만 어떤 사람들은 노력도 하기 전에 성공을 바라거나, 사소한 일부터 하느라 정작 인생에서 꼭 필요한 중요한 일들은 뒤로 미뤄버린다. 또 어떤 사람들은 재산을 조금 모으자마자 자만에 빠지기도 한다. 삶에서 가장 중요한 것은 무엇을 먼저 해야 하는지를 아는 것이다. 올바른 순서를 지키는 것만으로도 성공과 실패는 크게 달라진다.

때로는 반대로 생각해야
진실을 볼 수 있다

때로는 상황을 거꾸로 해석할 필요가 있다. 특히 누군가 악의를 품고 말을 할 때 그렇다. 어떤 사람들은 의도적으로 모든 것을 반대로 해석한다. 그들에게 '예'는 '아니오'가 되고, '아니오'는 '예'가 된다. 만약 그들이 어떤 것을 비판한다면, 오히려 그것을 높이 평가하고 있다는 의미일 수도 있다. 그들은 자신이 원하는 것을 남들이 가지지 못하도록 깎아내리는 전략을 쓴다. 또한, 모든 칭찬이 진심일 필요는 없다. 어떤 사람들은 진짜 좋은 것을 칭찬하는 대신, 나쁜 것을 칭찬하며 진실을 숨기려고 한다. 결국, 아무도 나쁘다고 하지 않는 사람은 누구에게도 특별히 좋은 평가를 받지 못한다.

신과 인간의 방편을
조화롭게 활용하라

자신의 능력을 발휘할 때는 오직 스스로의 힘으로 해야 한다고 생각하며 최선을 다하라. 하지만 신의 도움을 구할 때는 전적으로 신에게 맡긴다고 믿어야 한다. 이 원칙은 간단하지만 깊은 의미를 가진다. 사람은 자신의 힘으로 할 수 있는 모든 노력을 기울여야 한다. 그러나 동시에 혼자만의 힘으로 모든 것을 해결할 수 없다는 사실을 인정하고, 겸손하게 신의 도움을 청하는 태도도 필요하다. 결국, 노력과 신의 도움은 따로 존재하는 것이 아니라, 조화를 이룰 때 가장 큰 힘을 발휘한다.

자신이나 타인에게
완전히 예속되지 마라

삶을 오직 자신만을 위해서도, 오직 타인을 위해서도 살아서
는 안 된다. 극단적인 태도는 결국 스스로를 옭아매는 길이 된
다. 자신의 이익만을 추구하면 타인의 호의를 얻지 못하고, 반대
로 모든 것을 희생하며 타인을 위해 살면 결국 자신을 잃어버린
다. 공적인 역할을 맡았다면 책임을 다해야 하지만, 그렇지 않다
면 내려놓을 줄도 알아야 한다. 로마 황제 하드리아누스에게 한
노파가 했던 조언처럼 말이다. 또한, 지식과 이해에서도 같은 원
리가 적용된다. 어떤 사람들은 타인을 위해 많은 것을 알고 있
지만, 정작 자기 자신을 위해서는 아무것도 알지 못한다. 신중한
사람은 사람들이 우리 자체가 아니라, 우리가 그들에게 어떤 이
익을 줄 수 있기 때문에 찾는다는 사실을 깨닫는다. 결국, 세상
은 우리가 누구인가보다 우리가 무엇을 줄 수 있는가에 더 관심
을 가진다.

남들에게 쉽게
파악되지 않는 사람이 되어라

생각을 너무 직접적으로 표현하지 마라. 사람들은 쉽게 이해할 수 있는 것보다 약간의 신비로움이 있는 것을 더 가치 있게 여긴다. 존중받고 싶다면 말에 약간의 여지를 남겨두어라. 상대가 너를 완전히 이해하지 못하면 오히려 더 깊이 있는 사람으로 보일 수도 있다. 지혜롭고 신중한 태도를 유지하되, 너무 과하게 하면 오히려 불신을 살 수 있으니 주의해야 한다. 논리적이고 깊이 있는 사고는 중요하지만, 대부분의 사람들은 적당한 신비로움을 더 매력적으로 느낀다. 쉽게 이해되는 것은 흥미를 끌지 못하고, 오히려 약간 난해한 것이 더 주목받는다. 또한, 불필요한 비판을 피하는 데도 효과적이다. 많은 사람들은 명확한 이유 없이도 남들이 칭찬하는 것을 따라서 칭찬하듯, 직접적인 설명보다는 상대가 스스로 의미를 찾도록 만드는 것이 더 좋은 방법이다. 그렇게 하면 너는 더 가치 있는 존재로 여겨질 것이다.

작은 불행도 가볍게
여기지 마라

작은 불운이라도 방심하지 마라. 사소한 불운이 쌓이면 결국 더 큰 불행을 불러오기 때문이다. 반대로 행운도 연이어 찾아오며, 이미 행운을 가진 사람에게 더 많은 좋은 일이 생기기 마련이다. 사람들은 불운한 사람을 멀리하고, 행운이 따르는 사람에게 끌린다. 마치 비둘기가 깨끗한 둥지를 찾아가는 것과 같은 이치다. 그래서 불행이 시작되면 계속해서 손해를 보게 되고, 행운이 오면 좋은 일이 이어진다. 작은 불운이 큰 불행의 전조일 수 있으니, 처음부터 신중해야 한다. 하늘이 내린 시련은 인내로 견디고, 인간관계에서 오는 어려움은 현명하게 대처해야 한다. 완전한 행운도, 완전한 불행도 없다는 사실을 잊지 마라.

선을 베풀 때는
적절함과 균형이 중요하다

　베푸는 방식에도 지혜가 필요하다. 한 번에 너무 많은 것을 주기보다, 조금씩 자주 베푸는 것이 더 효과적이다. 상대가 감당할 수 있는 만큼만 도와야 감사가 부담으로 변하지 않는다. 지나치게 큰 호의는 오히려 거래처럼 느껴지고, 되갚을 길이 없는 사람은 점점 거리를 두게 된다. 때로는 도움을 받은 사람이 오히려 부담을 느껴 선을 베푼 이를 피하기도 한다. 조각된 우상이 자신을 만든 조각가를 외면하듯, 큰 은혜를 입은 사람은 때로는 그 은혜를 부담스럽게 여긴다. 그러므로 진정한 선행은 상대가 기꺼이 받아들이면서도 부담스럽지 않은 것이어야 한다.

어리석은 자들을 피하고,
정중함으로 무장하라

항상 준비된 태도로 살아야 한다. 세상에는 무례한 사람, 고집센 사람, 허영심 강한 사람, 그리고 어리석은 사람이 많다. 신중한 사람은 이런 이들과 불필요한 충돌을 피할 줄 안다. 매일 아침 마음을 다잡고 여러 상황을 미리 예상하며 대비하는 것이 좋다. 그래야 예기치 않은 일이 생겨도 당황하지 않고 침착하게 대응할 수 있다. 작은 실수나 우연한 사건이 자신의 명성을 흔들지 않도록 주의해야 한다. 신중한 태도를 유지하면 어리석은 사람들의 무리한 공격도 쉽게 피해 갈 수 있다. 인간관계에는 예상치 못한 위험이 많기에, 가장 좋은 방법은 불필요한 충돌을 피하는 것이다. 오디세우스가 지혜롭게 위기를 넘긴 것처럼 상황을 현명하게 헤쳐 나가라. 중요한 것은 문제를 미리 감지하고 대비하는 능력이며, 어떤 상황에서도 예의를 지키는 것이 최선의 방어책이다.

인간관계를 끊을 때도
품위를 유지하라

관계를 갑자기 끊지 마라. 어떤 식으로든 완전히 단절하면 결국 너의 명성에도 영향을 미칠 수 있다. 모든 사람이 좋은 친구가 될 수는 없지만, 누구든 적이 될 가능성은 있다. 처음부터 너무 직설적으로 거리를 두면 상대의 숨겨진 반감을 자극할 수 있다. 특히 한때 가까웠던 사람이 등을 돌리면 가장 위험한 적이 될 수도 있다. 그들은 네 약점을 잘 알고 있으며, 공격할 기회를 노리고 있었을지도 모른다. 또한, 주변 사람들은 관계가 깨지는 모습을 보며 각자의 방식대로 너를 평가할 것이다. 처음부터 그런 관계를 맺은 것이 잘못이라거나, 왜 이제야 끝냈느냐며 비난할 수도 있다. 따라서 관계를 정리할 필요가 있다면 갑작스럽게 끊지 말고 천천히 자연스럽게 거리를 두는 것이 현명하다. 그렇게 해야 불필요한 상처를 남기지 않고 우아하게 관계를 마무리할 수 있다.

자신의 잘못을 떠넘길 대상이나
불행을 함께 짊어질 사람을 곁에 두어야 한다

어려움을 함께 나눌 사람을 찾아라. 그러면 힘든 상황에서도 혼자가 되지 않고, 비난도 온전히 혼자 감당할 필요가 없다. 어떤 사람들은 모든 문제를 스스로 해결하려 하다가 결국 모든 비판을 홀로 맞게 된다. 하지만 함께 부담을 나눌 사람이 있다면 상황이 훨씬 수월해진다. 행운도, 비난도 한 사람에게 집중될 때보다 여러 사람에게 나뉠 때 덜 강하게 다가온다. 의사들도 치료 과정에서 실수가 생기면 동료의 조언을 구하며, 잘못된 처방의 책임을 혼자 지기보다 함께 해결하려 한다. 고통을 나누면 그 무게가 줄어들고, 슬픔도 반으로 가벼워진다. 반대로 모든 불행을 혼자 짊어지면 더욱 견디기 어려워진다.

모욕을 칭찬으로
바꿀 줄 아는 지혜를 가져라

상대의 모욕을 미리 알아차리고, 그것을 오히려 호의로 바꿔라. 복수를 하기보다 갈등을 피하는 것이 더 현명하다. 너를 비난하거나 경쟁하려던 사람을 믿을 수 있는 친구나 동료로 만드는 것도 좋은 전략이다. 처음에는 너의 평판을 깎아내리려 했던 사람이 결국 네 편이 되어 너를 지켜줄 수도 있다. 상대가 너에게 빚을 지도록 만들어 모욕감을 감사로 바꿀 수 있다면, 그것은 매우 뛰어난 능력이다. 불행을 기쁨으로 바꾸는 사람만이 진정한 인생의 지혜를 가진다. 심지어 나쁜 의도를 가진 사람조차도 너를 돕는 사람으로 변화시킬 수 있어야 한다.

그 누구에게도 예속되지 말고, 누구도 너에게 예속되지 않게 하라

　사람은 누구에게도 완전히 예속될 수 없으며, 누구도 온전히 자신의 것이 될 수 없다. 혈연이나 친밀한 관계가 있다고 해서 상대를 완전히 내 사람으로 만들 수는 없다. 아무리 가까운 사이라도 적당한 거리를 유지하는 것이 필요하며, 그 거리는 서로를 위한 배려이자 예의가 된다. 친구라도 모든 것을 다 말하지 않으며, 자식도 부모에게 모든 것을 털어놓지 않는다. 누구에게는 쉽게 말할 수 있는 것도, 다른 사람에게는 숨기게 되는 경우가 있다. 모든 관계는 가까움과 거리감 사이에서 균형을 이루며, 이 균형을 지키는 것이 인간관계를 지혜롭게 유지하는 방법이다.

잘못을 깨달았다면 끝까지 고집하지 마라

잘못을 깨달았다면 끝까지 고집하지 마라. 어떤 사람들은 실수를 인정하는 대신, 그것을 계속 밀어붙이는 것이 일관성이라고 착각한다. 속으로는 자신이 틀렸다는 걸 알면서도 겉으로는 변명하며 물러서지 않는다. 처음에는 사소한 실수였더라도, 이를 고집하면 결국 어리석음으로 굳어진다. 잘못된 결정을 끝까지 지킬 필요는 없다. 이미 잘못된 길로 들어섰다면 돌아서는 것이 더 현명하다. 하지만 어떤 사람들은 실수를 인정하기보다 그 선택을 합리화하며 오히려 더 큰 실수를 반복한다. 자신의 판단이 틀렸음을 인정하고 고치는 것이야말로 진정한 지혜다.

제14장 완벽함의 추구

잊을 줄 아는 것은 삶의 지혜다

기억을 다루는 법을 배워야 한다. 하지만 잊으려 한다고 해서 쉽게 잊히는 것은 아니다. 오히려 잊고 싶은 기억일수록 더 선명하게 남는다. 기억은 필요할 때 떠오르지 않고, 오히려 잊고 싶을 때 끈질기게 따라다닌다. 괴로운 기억은 계속 되살아나지만, 행복한 기억은 쉽게 희미해진다. 때로는 힘든 일을 잊는 것이 가장 좋은 치유법이지만, 정작 우리는 그것을 어떻게 해야 할지 잘 모른다. 그래서 기억을 어떻게 다룰지 스스로 훈련해야 한다. 기억을 잘 다스릴 줄 알면 삶이 한결 편해지지만, 그렇지 않으면 과거에 사로잡혀 계속 괴로울 수 있다. 단순한 사람들은 이런 고민 없이 살아가며, 어쩌면 그 단순함이 그들을 더 행복하게 만들지도 모른다.

어떤 즐거움은 내 것이 아니라 남의 것일 때 더 크게 느껴진다. 직접 소유하지 않으면 부담 없이 자유롭게 즐길 수 있기 때문이다. 어떤 것이든 첫날의 기쁨은 소유자의 몫이지만, 그 이후로는 주변 사람들의 감탄과 관심이 더해져 자연스럽게 남들의 것이 된다. 우리는 남의 것을 누릴 때 더 큰 만족을 느끼며, 잃어버릴 걱정 없이 늘 새롭게 느낄 수 있다. 사람은 쉽게 얻을 수 없는 것일수록 더욱 가치 있게 여기며, 심지어 남의 물 한 모금조차 특별하게 느껴진다. 반면, 직접 소유하면 즐거움은 줄고 걱정만 늘어난다. 다른 사람에게 빌려줘야 하는 부담이나, 빌려주지 못해 생기는 곤란함이 생길 수도 있기 때문이다. 결국, 우리가 가진 것은 자기 자신보다는 남들을 위해 유지하는 것과 같고, 역설적이게도 혜택을 보는 쪽은 친구보다 오히려 적(敵)일 때가 많다.

단 하루도 방심하지 마라

단 하루도 방심하지 마라. 운은 때때로 장난을 좋아하며, 우리가 방심하는 순간을 놓치지 않는다. 지혜, 신중함, 용기, 그리고 통찰력은 언제든 시험받을 수 있기 때문에 늘 준비하고 있어야한다. 가장 자신감이 넘치는 날이 오히려 가장 큰 실수를 저지르는 날이 될 수 있으며, 가장 신중해야 할 순간에 오히려 신중함이 부족하기 쉽다. "전혀 예상하지 못했다"는 말이 결국 우리를 무너뜨리는 이유다. 누군가는 우리가 방심하는 순간을 지켜보고 있으며, 가장 완벽해 보이는 날이 실수를 저지를 가능성이 오히려 더 높다는 사실을 잘 알고 있다. 자신을 가장 잘 드러내는 순간이 바로 경계심이 낮아지는 순간이기 때문이다. 결국, 준비가 부족한 그 순간이 가장 중요한 시험의 순간이 될 수 있다.

아랫사람이 어려움을 통해
성장하게 하라

아랫사람을 의도적으로 어려운 상황에 놓아 두라. 편안한 상태에서는 진정한 능력이 잘 드러나지 않는다. 물에 빠져야 비로소 수영법을 익히듯, 어려운 경험을 통해 사람들은 자신의 진정한 가치를 깨닫고 숨겨진 재능도 발견한다. 어렵고 힘든 일은 자신감을 키우는 기회가 되며, 이를 피하기만 하면 결국 소심한 상태에서 머물게 된다. 그러나 위기 상황을 잘 극복하면 평범한 사람도 위대한 인물로 평가받을 수 있다. 카스티야의 여왕 이사벨은 이런 방식을 통해 보통 사람들을 뛰어난 인재로 길러냈다. 그녀는 일부러 난관을 주어, 사람들이 스스로 명예와 가치를 증명하도록 만든 것이다.

너무 착해서 나쁜 사람이 되지 마라

착하기만 해서는 손해를 볼 수도 있다. 아무리 좋은 사람이라도 절대 화를 내지 않으면 결국 만만하게 보이게 된다. 감정을 전혀 드러내지 않는 사람은 진정한 인간답지 않으며, 그렇게 행동하는 이유가 무감각해서가 아니라 오히려 어리석기 때문일 때가 많다. 상황에 따라 강한 감정을 표현할 줄 아는 것이야말로 진짜 인간다운 모습이다. 아무런 위엄도 없는 허수아비는 새들에게조차 무시당한다. 인생은 단맛과 쓴맛을 번갈아 경험할 때 더 균형 잡힌 감각을 가질 수 있다. 단맛만 찾는 것은 어린아이와 어리석은 사람들의 특징이다. 착한 것도 지나치면 결국 자신을 해칠 수 있으니, 둔감해져서 손해 보는 일이 없도록 조심해야 한다.

비단 같은 말과
부드러운 마음으로 세상을 대하라

말은 부드럽고 온화해야 한다. 화살이 몸을 뚫을 수 있듯이, 거친 말은 마음을 깊이 상하게 한다. 사탕이 입안을 달콤하게 하듯, 말도 듣는 사람의 기분을 좋게 만들어야 한다. 적절한 표현을 쓰는 것은 중요한 기술이며, 말 한마디로 많은 일을 해결할 수도 있다. 특히 자만심이 강하거나 현실을 제대로 보지 못하는 사람을 상대할 때는 더욱 부드러운 접근이 필요하다. 권력을 가진 사람의 말 한마디는 큰 영향을 미치므로 더욱 신중해야 한다. 언제나 부드럽고 긍정적인 태도를 유지하며, 심지어 적조차 거부할 수 없는 세련된 표현을 사용하라. 결국, 사람들에게 사랑받고 존중받는 가장 좋은 방법은 말투를 온화하고 유쾌하게 유지하는 것이다.

현명한 사람은
처음부터 올바르게 행동한다

현명한 사람은 해야 할 일을 미리 하고, 어리석은 사람은 때를 놓친 뒤에야 움직인다. 결국 해야 할 일은 같지만, 중요한 것은 언제 하느냐다. 현명한 사람은 적절한 순간을 놓치지 않고 행동하지만, 어리석은 사람은 기회를 지나치고 난 후에야 후회하며 움직인다. 처음부터 잘못된 판단을 하면 모든 것이 꼬이게 되고, 해야 할 일을 미루면 결국 실수를 반복하게 된다. 올바른 선택을 하는 가장 좋은 방법은 가능한 한 빨리 깨닫고 실천하는 것이다. 그렇지 않으면 기쁨으로 할 수 있었던 일을 결국 필요에 떠밀려 억지로 하게 된다. 현명한 사람은 언젠가 해야 할 일을 미리 알아채고 스스로 실행함으로써 더 나은 결과를 만들고 자신의 명성을 빛나게 한다.

새로움의 가치를 활용하고, 제때 행동하라

새로운 것은 언제나 사람들의 관심을 끈다. 처음 접하는 것에는 높은 가치를 부여하며, 신선함은 그 자체로 기쁨을 준다. 우리의 취향은 늘 변화에서 활력을 얻으며, 처음에는 특별해 보이던 것도 시간이 지나면 익숙해지고 그 가치를 잃는다. 뛰어난 재능도 반복되면 당연하게 여겨지고, 위대한 인물도 대중과 가까워질수록 빛이 바래기 쉽다. 신선함이 주는 영광은 오래가지 않는다. 불과 며칠 만에 사람들의 관심이 사라지고, 존경심도 희미해진다. 그러므로 처음 얻은 명성의 열기를 최대한 활용하고, 그 열기가 식기 전에 가능한 많은 것을 성취하라. 신선함이 사라지면 기대는 무관심으로 바뀌고, 즐거움은 싫증으로 변한다. 모든 것은 유효기간이 있으며, 그 시기가 지나면 사라진다는 점을 명심하라.

많은 사람이 좋아하는 것을
쉽게 비난하지 마라

　대중이 좋아하는 것을 함부로 비난하지 마라. 많은 사람들이 열광하는 데에는 그만한 이유가 있으며, 네가 이해하지 못한다고 해서 가치가 없는 것은 아니다. 지나치게 개성을 강조하며 반대하면 오히려 반감을 살 수 있고, 자칫 우스꽝스럽게 보일 수도 있다. 인기 있는 것을 무조건 깎아내리면, 결국 고집스럽고 세상의 흐름과 동떨어진 사람으로 보일 뿐이다. 만약 그 안에서 좋은 점을 찾을 수 없다면, 차라리 침묵하는 것이 낫다. 잘 알지 못하면서 섣불리 비난하면, 오히려 네가 무지한 사람으로 보일 수도 있기 때문이다. 대중이 말하는 것은 이미 현실이 되었거나, 곧 현실이 될 것이기 때문이다.

잘 모를 때는 가장 안전한 선택을 해야 한다

지식이 부족하다면, 각 분야에서 가장 안전하고 검증된 길을 따르는 것이 현명하다. 비록 사람들이 너를 기발하다고 여기지는 않겠지만, 신뢰할 만한 사람으로 평가할 것이다. 지식이 풍부한 사람은 새로운 길을 개척하며 위험을 감수할 수 있지만, 아는 것이 부족한 사람이 무턱대고 모험을 시도하면 실패할 가능성이 크다. 이미 검증된 길을 선택하는 것은 실수를 줄이는 가장 좋은 방법이다. 지식이 부족한 사람에게는 안전한 선택이 최선이며, 지식이 많은 사람이라도 확실한 길을 따르는 것이 괴짜처럼 무모하게 행동하는 것보다 훨씬 더 현명하다.

272 예의는 상대방에게 정중함과 감사의 마음을 느끼게 하는 기술이다

매사에 예의를 더하면, 같은 행동도 더 큰 가치를 가지게 된다. 그러면 받는 사람은 단순한 선물 그 이상을 느끼고, 더 깊은 책임감과 감사의 마음을 갖게 된다. 이익만을 생각하며 요청하는 것과 진심 어린 감사와 예의를 담아 베푸는 것은 전혀 다르다. 예의는 단순한 친절을 넘어, 상대에게 보답해야 한다는 마음을 자연스럽게 심어준다. 특히 품격 있는 태도는 그 가치를 더욱 높이며, 품위 있는 사람일수록 공짜로 받은 것에서 더 큰 의미를 찾는다. 결국 너는 같은 물건을 두 번 주는 셈이다. 본래의 가치에 예의를 더해 더욱 소중한 것으로 만드는 것이다. 하지만 품격을 모르는 사람에게는 이런 노력이 소용없다. 그들은 예의 바른 태도와 깊은 의미를 이해하지 못하기 때문이다..

상대의 기질과 행동을 읽는 것은
효과적인 소통과 지혜로운 관계의 시작이다

사람을 제대로 이해하려면 그들의 성격과 원하는 것이 무엇인지 파악해야 한다. 상대가 왜 그런 행동을 하는지 알면 앞으로 어떤 일이 벌어질지 예측할 수 있고, 시간이 지나 결과를 보면 그들의 진짜 의도를 파악할 수 있다. 우울한 사람은 늘 나쁜 일이 생길 거라고 생각하고, 부정적인 사람은 언제나 문제점만을 찾으려 한다. 그들은 현재의 좋은 점을 보지 못하고 최악의 상황만 떠올리며 주변까지 불안하게 만든다. 감정적인 사람은 객관적인 판단을 하지 못하고 감정에 따라 결정을 내리는 경우가 많다. 사람들은 기분에 따라 말을 하기 때문에, 그들의 말이 항상 진심이라고 믿어서는 안 된다. 따라서 상대의 표정을 주의 깊게 관찰하고 숨겨진 속마음을 읽을 줄 알아야 한다. 늘 웃는 사람은 가볍고 깊이가 없을 수도 있으며, 반대로 무표정한 사람은 마음속에 어두운 면을 품고 있을 가능성이 크다. 끊임없이 질문하는 사람도 조심해야 한다. 단순한 호기심이 아니라 트집을 잡거나 약점을 찾아내려는 의도가 있을 수도 있기 때문이다. 험악한 태도를 보이는 사람에게 친절을 기대하지 마라. 그들은 세상이 자신을 부당하게 대한다고 믿으며, 그 분노를 타인에게 푸는 경우가 많다. 또한, 외모가 뛰어난 사람들은 쉽게 호감을 얻기 때문에 깊이 고민하지 않고 가벼운 행동을 보일 가능성이 있다.

매력은 성공을 이끄는
가장 강력한 무기다

사람들에게 호감을 주는 매력을 길러라. 매력은 마치 보이지 않는 힘처럼 사람을 끌어당기고, 자연스럽게 호의를 얻게 만든다. 아무리 뛰어난 능력이 있어도 매력이 부족하면 사람들의 마음을 얻기 어렵다. 진정한 성공은 능력뿐만 아니라 사람들의 지지와 인정이 함께할 때 비로소 이루어진다. 타고난 매력이 있다면 그것은 큰 행운이지만, 이를 더욱 빛내기 위해서는 세심한 노력과 기술이 필요하다. 다만, 인위적인 매력은 오래가지 못하며, 진정한 매력은 자연스러움과 진실함에서 나온다. 결국, 매력은 사람들의 신뢰와 지지를 얻어 더 큰 성공으로 이어지는 중요한 요소가 된다.

다른 사람과 어울리되
품위를 잃지 마라

상황에 맞게 행동하되 품위를 잃지 마라. 항상 심각한 표정을 짓거나 짜증을 내는 것은 예의에 어긋난다. 사람들의 호감을 얻으려면 때로는 분위기에 맞춰 가볍게 행동할 필요도 있지만, 그렇다고 지나치게 가벼워져서는 안 된다. 다수의 의견을 존중하는 것이 좋지만, 자신의 품격을 해치면서까지 동조할 필요는 없다. 한순간의 가벼운 농담이나 실수가 오랫동안 쌓아온 신뢰를 무너뜨릴 수도 있다. 특별해 보이려 지나치게 남들과 다른 길을 가는 것은 오히려 역효과를 낳을 수 있으며, 너무 예민하고 까다로운 태도는 주변 사람들에게 부담을 줄 수 있다. 자연스러우면서도 자신감 있는 태도가 가장 좋은 인상을 남긴다는 점을 기억하라.

취향과 기질을 발전시키는 것은
스스로를 더 나은 방향으로 이끈다

    자연과 예술을 통해 스스로를 끊임없이 성장시켜라. 사람은 7년마다 변한다고 하며, 이 변화를 통해 성품과 취향도 더욱 성숙하고 고상해져야 한다. 어린 시절을 지나 이성을 갖추기 시작하면, 이후 매 7년마다 한 단계씩 더 발전해야 한다. 이러한 자연스러운 변화를 스스로 인식하고 성장하도록 노력해야 한다. 또한, 다른 사람들 역시 시간이 지나면서 변화하고 발전할 수 있음을 이해하라. 많은 이들이 삶의 어느 시점에서 태도, 직업, 심지어 신분까지 바꾸는 것도 이러한 성장 과정의 일부다. 우리는 시간이 흐른 뒤에야 자신이 얼마나 달라졌는지를 깨닫는다. 젊을 때는 공작새처럼 화려하고 당당하게 자신을 드러내고, 서른이 되면 사자처럼 자신감 있고 위엄 있는 태도를 가져야 한다. 마흔이 되면 낙타처럼 인내심을 기르고, 쉰이 되면 뱀처럼 신중하고 지혜롭게 행동해야 한다. 예순이 되면 개처럼 성실하고 충직한 삶을 살고, 일흔이 되면 원숭이처럼 유연하게 적응할 줄 알아야 한다. 그리고 여든이 되면 모든 것을 편안하게 내려놓을 줄 알아야 한다.

탁월한 것을 적절히 과시할 줄 아는 사람은 더 큰 감탄을 이끌어낸다

자신의 재능을 적절한 순간에 효과적으로 활용하라. 모든 재능은 빛을 발할 기회가 있으며, 그 기회를 잘 살려야 한다. 누구나 매일 성공할 수는 없지만, 작은 재능도 돋보이게 만드는 사람이 있고, 큰 재능을 더욱 인상적으로 보이게 하는 사람도 있다. 단순히 재능을 갖추는 것만으로는 충분하지 않으며, 그것을 어떻게 표현하느냐에 따라 영향력은 더욱 커진다. 세상이 창조되자마자 빛이 존재했던 것처럼, 우리의 재능도 적절한 기회를 통해 드러나야 한다. 자신의 능력을 상황에 맞게 보여 주는 것은 새로운 활력을 불어넣는다. 훌륭한 재능일수록 더욱 그렇다. 하지만 이를 효과적으로 드러내려면 기술이 필요하다. 아무리 뛰어난 재능이라도 적절한 타이밍과 방식이 중요하다. 지나친 과시는 오히려 반감을 사며, 억지로 자신의 능력을 드러내려 하면 허영심으로 보이기 쉽다. 그러므로 신중함을 유지해야 하며, 특히 지혜로운 사람들 사이에서는 과도한 자기 과시는 역효과를 낳는다. 때로는 침묵이 가장 강한 표현이 될 수도 있다. 또한, 자신의 능력을 한꺼번에 드러내기보다 조금씩 보여 주면서 기대감을 높이는 것이 더 효과적이다. 한 번의 성공이 다음 성공에 대한 기대를 만들고, 한 번의 박수가 또 다른 찬사를 불러일으키도록 해야 한다.

튀는 행동은 피하라, 탁월함조차도
지나치게 눈에 띄면 결함이 될 수 있다

자신을 지나치게 내세우지 마라. 너무 앞에 나서면 사람들에게 부담이 되고, 아무리 뛰어난 재능도 단점처럼 보일 수 있다. 과한 자기 과시는 반감을 불러일으켜 사람들을 멀어지게 만든다. 심지어 괴짜처럼 보일 위험도 있다. 아름다움도 지나치면 매력보다 부담이 되고, 남들에게 불편함을 주는 행동은 결국 거부감을 초래한다. 특히 평판이 좋지 않은 괴팍한 행동은 예상보다 더 큰 문제를 일으킬 수 있다. 어떤 사람들은 자신의 단점을 개성처럼 포장하거나, 심지어 스스로를 깎아내리는 행동을 하기도 한다. 하지만 지적인 능력조차 과하면 학식이 아니라 허세로 보이며, 지나치게 자신을 드러내려 하면 오만한 사람으로 여겨진다. 가장 좋은 존재감은 자연스럽게 드러나는 법이다.

반박에 쉽게 반응하지 말고
신중하게 대처하라

누군가 네 말을 반박한다고 해서 즉각 대응하지 마라. 먼저 그가 진정으로 영리한지, 아니면 단순히 무례한 것인지 판단해야 한다. 반박이 단순한 고집이 아니라 교묘한 속임수일 수도 있으니 신중하게 살펴야 한다. 상대가 전략적으로 행동하는지, 아니면 단순히 무례한 태도를 보이는지 구별하는 것이 중요하다. 특히 정보를 얻으려는 의도가 있는 사람이라면 더욱 경계해야 한다. 그가 타인의 속마음을 캐내려 한다면, 너는 신중함이라는 열쇠를 문 안쪽에 꽂아두고 쉽게 문을 열어주지 말아야 한다.

강직함을 잃지 말고,
자신의 가치를 지켜라

진정으로 고결한 사람은 어떤 상황에서도 품위를 지킨다. 세상에는 올바른 행동이 점점 사라지고, 감사할 줄 모르는 사람이나 타인을 공정하게 대하지 않는 일이 흔해지고 있다. 가장 큰 희생과 봉사가 오히려 가장 적은 보상을 받는 경우도 많다. 어떤 사람들은 타인을 함부로 대하고, 어떤 이들은 쉽게 배신하며, 또 어떤 사람들은 변덕스럽거나 속임수를 쓰는 것을 당연하게 여긴다. 하지만 이런 모습을 본다고 해서 너까지 그렇게 행동해서는 안 된다. 타인의 나쁜 행동을 관찰하는 것은 그것을 따라 하기 위함이 아니라, 스스로를 지키기 위한 것이다. 주변 환경이 타락했다고 해서 너까지 변할 필요는 없다. 진정한 품격은 남들이 어떤 행동을 하든 끝까지 지켜야 하는 것이다.

지혜로운 사람들에게 인정받아라. 뛰어난 사람이 조용히 건네는 "예" 한마디는 수많은 대중의 박수보다 훨씬 더 큰 가치를 가진다. 어리석은 사람들의 과장된 칭찬은 깊이가 없으며, 그것을 듣고 기뻐하는 것은 헛된 만족에 불과하다. 반면, 지혜로운 사람들의 평가는 신중하며, 그들의 인정은 단순한 찬사가 아니라 오래도록 가치를 지닌다. 신중한 안티고노스는 자신의 명성을 대중이 아닌 단 한 사람, 제논에게 맡겼으며, 플라톤은 아리스토텔레스 한 사람만으로도 자신의 학파를 완성했다고 여겼다. 그러나 많은 사람들은 깊은 의미보다 단순한 만족을 좇으며, 하찮은 것들에 관심을 두고 살아간다. 심지어 군주들조차 자신을 기록할 글쓴이를 필요로 하며, 외모가 추한 사람들이 초상화를 그리는 화가를 두려워하듯, 글을 남기는 사람들의 펜을 두려워한다. 진정한 가치는 수많은 사람들의 박수 속에서 얻어지는 것이 아니라, 깊이 있는 한 사람의 인정을 통해 더욱 빛나는 법이다.

적절한 순간에 물러나고, 신비로움을
유지하는 것이 진정한 명성을 높이는 방법이다

너무 자주 모습을 드러내면 사람들은 너를 특별하게 여기지 않지만, 적절한 거리를 유지하면 오히려 가치를 높일 수 있다. 멀리 있을 때는 위엄 있는 존재로 보이던 사람도, 너무 가까이 있으면 그 신비로움이 사라진다. 마치 멀리서 보면 웅장한 산도, 가까이 다가가면 그저 바위와 나무들로 이루어진 것처럼. 선물도 자꾸 만지면 처음의 감동이 사라지고, 사람들은 쉽게 싫증을 느낀다. 직접 보는 것보다 상상할 때 더 큰 기대를 품으며, 전설적인 존재는 모습을 감춤으로써 그 명성을 유지한다. 심지어 불사조조차도 자신을 신비롭게 만들기 위해 모습을 감추며, 사람들의 그리움을 존경으로 바꾼다. 그러므로 명성을 오래 유지하고 싶다면, 언제나 중심에 서기보다 때때로 자리를 비우는 것이 필요하다.

창의적이되, 신중함을 잃지 마라

창의적이되, 신중함을 잃지 마라. 창의성은 뛰어난 지성을 보여주지만, 지나치면 오히려 광기로 보일 수 있다. 독창적인 사고를 가진 사람은 특별하지만, 신중한 판단까지 겸비한 사람은 더욱 현명하다. 많은 사람들은 기존의 좋은 것들을 잘 선택할 줄 알지만, 새로운 것을 창조하면서도 현명하게 다루는 사람은 드물다. 이런 사람들은 시대를 앞서가며 탁월한 업적을 남긴다. 새로운 것은 언제나 매력적이며, 성공할 경우 기존의 가치까지 더 돋보이게 만든다. 창의성은 때로 위험할 수 있지만, 지성과 결합하면 충분히 찬사를 받을 만하다. 만약 창의성과 신중함을 모두 갖춘다면, 그 능력은 마땅히 존경받을 가치가 있다.

284　요청받지 않은 상황에서는 나서지 말고, 필요한 순간에만 행동해야 한다

자신의 가치를 깎아내리거나 함부로 낭비하지 마라. 필요한 곳에서는 환영받지만, 불필요한 곳에서는 오히려 부담스러운 존재가 될 뿐이다. 부르지 않으면 가지 말고, 요청받지 않으면 나서지 마라. 스스로 나서서 일을 맡으면 실패했을 때는 비난받고, 성공해도 제대로 인정받지 못한다. 쓸데없이 끼어들면 조롱거리가 되고, 필요하지 않은 곳에 간섭하면 결국 모욕당하며 밀려나게 된다. 자신이 필요한 순간을 정확히 판단하고, 그때를 기다리는 것이 현명한 처신이다.

타인의 불행에 휘말려 스스로를 잃지 마라

다른 사람의 불운에 휘말려 함께 무너지지 않도록 조심하라. 누가 어려움에 처했는지 파악하고, 그들이 도움을 요청할 가능성을 미리 예상하라. 불행은 혼자 오지 않으며, 불행한 사람들은 자신이 외면했던 이들에게도 결국 손을 내밀게 된다. 그러나 익사하는 사람을 구하려다 함께 빠지는 일이 없도록 조심해야 한다. 돕고자 하는 마음은 중요하지만, 그것이 너 자신을 위험에 빠뜨려서는 안 된다. 신중하게 행동하고, 상대를 도울 수 있는 상황인지 먼저 판단하라. 무작정 뛰어들기보다는 너도 안전을 지키면서 도울 방법을 찾아야 한다.

모두에게 지나치게 의존하거나
신세 지지 마라

누구에게도 지나치게 의존하지 마라. 그렇게 하면 스스로를 종속적인 존재로 만들게 된다. 사람마다 운이 다르고, 어떤 이는 도움을 줄 수 있는 위치에 있지만, 어떤 이는 그 도움을 받을 뿐이다. 하지만 무엇보다 중요한 것은 자유다. 자유는 누군가에게 빚을 지고 얻는 선물보다 훨씬 더 가치 있는 것이다. 한 사람에게 의존하기보다는 오히려 많은 사람들이 너를 필요로 하는 상황이 더 바람직하다. 권력을 가지는 가장 큰 장점은 더 많은 선을 베풀 수 있다는 점이다. 또한, 누군가에게서 받은 도움을 단순한 호의로 착각하지 마라. 대부분의 경우, 그것은 너를 특정한 위치에 두려는 의도적인 계산일 수도 있다.

경기에 참여하는 선수보다 관객이
더 많은 것을 볼 수 있다

감정에 휩싸여 행동하지 마라. 그렇게 하면 결국 후회할 일을 만들게 된다. 감정이 극도로 치솟으면 올바른 판단을 하기 어려워지고, 이성이 사라진 자리에는 실수만 남는다. 감정이 앞설 때는 스스로를 객관적으로 보기 힘들므로, 신중한 제삼자의 조언을 구하라. 경기에 참여한 선수보다 밖에서 지켜보는 사람이 상황을 더 정확하게 파악하는 법이다. 만약 신중한 사람조차 감정에 흔들리기 시작했다면, 그 순간이 바로 한 걸음 물러서야 할 때다. 그렇지 않으면 감정이 폭발하고, 성급한 행동이 뒤따르며, 짧은 순간의 격정이 오랜 후회와 평판의 실추로 이어질 것이다.

상황에 순응하는 것이 지혜의 정점이다

상황에 맞춰 유연하게 대처하라. 어떤 일이든 적절한 순간에 이루어져야 최선의 결과를 얻을 수 있다. 기회가 왔을 때 행동하라. 시간은 기다려 주지 않으며, 한 번 지나간 기회는 다시 돌아오지 않는다. 다만 도덕적인 가치를 지키는 것 외에는 특정한 방식이나 원칙에 지나치게 얽매이지 마라. 세상이 너의 계획대로 흘러가기를 기대하기보다, 변화에 맞춰 적절히 대처하는 법을 배워야 한다. 오늘 거부한 것이 내일 필요해질 수도 있다. 하지만 어떤 사람들은 현실을 외면한 채 상황이 자기 뜻대로 바뀌기를 기다린다. 그러나 현명한 사람은 상황을 억지로 바꾸려 하기보다 먼저 적응하는 것이 신중함의 핵심이라는 사실을 안다.

경솔함은 명예를 실추시키는 가장 큰 결함이다

사람이 가장 큰 치욕을 당하는 순간은 가벼운 행동으로 자신의 격을 스스로 낮출 때이다. 다른 사람들은 그를 특별한 존재로 여기다가도, 지나치게 인간적인 모습을 보이는 순간 더 이상 존경하지 않는다. 가벼운 행동은 명성을 쌓는 데 가장 큰 걸림돌이 된다. 반대로, 조용히 물러나 있는 사람은 오히려 더 위대한 존재로 평가받지만, 경솔한 사람은 더욱 하찮게 여겨진다. 경솔함은 품위를 잃게 만드는 가장 치명적인 단점이며, 깊이 없는 사람으로 보이게 만든다. 특히 나이가 들수록 신중함이 중요한 덕목이 되므로, 경솔한 태도는 더욱 큰 결점이 된다. 비록 많은 사람들이 이런 실수를 하지만, 그것은 한 사람을 특별한 멸시의 대상으로 만들기에 충분하다.

존경과 사랑을 균형 있게 받아라

　감사와 애정을 혼동해서는 안 된다. 존경을 유지하려면 지나치게 친밀한 관계를 피하는 것이 좋다. 사랑은 때때로 증오보다 더 많은 자유를 허용하며, 애정과 경외심은 결코 함께할 수 없다. 지나치게 두려운 존재가 될 필요는 없지만, 반대로 너무 사랑받아도 존경을 잃을 수 있다. 사랑은 친숙함을 낳고, 지나친 친숙함은 결국 존경심을 무너뜨린다. 차라리 깊이 존경받으며 적당한 애정을 받는 것이, 친밀한 애정만을 받는 것보다 훨씬 바람직하다.

사람을 제대로 파악하는 법을 알아야 한다. 신중함과 판단력을 발휘해 상대의 성품과 깊이를 꿰뚫어야 한다. 타인의 판단력을 평가하는 것은 단순한 지식이 아니라 뛰어난 통찰력이 필요한 일이며, 돌이나 약초의 특성을 아는 것보다 사람의 기질과 성향을 아는 것이 훨씬 중요하다. 이것은 삶에서 가장 섬세한 기술 중 하나다. 금속은 두드렸을 때 나는 소리로 판별되듯이, 사람은 그가 하는 말로 드러난다. 말은 성실함을 보여주고, 행동은 그것을 더욱 확실히 증명한다. 이를 제대로 판단하려면 세심한 주의력과 깊은 관찰력, 그리고 날카로운 통찰력이 반드시 필요하다.

자질이 책무를 능가하도록 하라

지위보다 인격이 더 뛰어나야 한다. 아무리 높은 자리에 있어도, 그보다 더 훌륭한 사람이라는 것을 행동으로 보여주어야 한다. 진정한 재능을 가진 사람은 어떤 역할을 맡든 그 능력이 더욱 돋보이고 발전한다. 반면, 지혜가 부족하고 마음이 좁은 사람은 결국 자신의 한계를 드러내고, 맡은 자리의 무게를 감당하지 못해 평판을 잃게 된다. 위대한 아우구스투스조차도 황제라는 지위보다 더 훌륭한 인간이 되는 것을 자랑스러워했다. 이를 위해서는 높은 정신과 단단한 자기 신뢰가 반드시 필요하다.

성숙함은 겉모습에서도 드러나지만, 그보다 더 중요한 것은 습관에서 나타난다. 금이 무게로 가치를 평가받듯이, 사람의 가치는 도덕적 깊이에서 나온다. 성숙한 태도는 재능을 더욱 빛나게 하며, 타인의 존경을 이끌어낸다. 침착함은 단순한 무감각이 아니라 차분한 권위의 표현이며, 지혜로운 말과 행동 속에서 그 가치가 드러난다. 성숙함은 성공을 위한 중요한 요소이며, 유치한 태도를 버리고 진중해질 때 비로소 사람들은 권위를 인정하게 된다.

자기 의견을 절제하고
신중하게 판단하라

말을 신중하게 하라. 사람들은 각자의 이익에 따라 생각을 형성하고, 이를 뒷받침할 논리를 만들어낸다. 대부분의 경우 감정이 판단을 앞서며, 서로 다른 의견을 가진 사람들은 자신이 옳다고 확신한다. 하지만 진정한 이성은 단 하나이며, 서로 다른 두 개의 진실이 공존할 수는 없다. 이런 논쟁이 벌어질 때는 감정에 휘둘리지 말고 신중하게 접근해야 한다. 때로는 반대 입장에서 생각해 보며 자신의 의견을 조정할 필요도 있다. 상대방의 관점에서 자신의 동기를 돌아보면, 맹목적으로 그를 비난하거나 자신의 입장만 고집하는 실수를 피할 수 있다.

말보다 행동이 앞서는 사람이 되어라. 가장 자랑할 것이 없는 사람들이 오히려 자신의 업적을 가장 크게 떠벌린다. 그들은 모든 것을 과장하고 신비롭게 포장하지만, 정작 그 과정에서 품위를 잃고 만다. 마치 사람들의 주목을 받으려는 카멜레온처럼 허세를 부리지만, 결국 웃음거리가 될 뿐이다. 허영심은 원래 성가신 것이지만, 이런 허영은 더욱 조롱을 받는다. 어떤 사람들은 마치 명예를 구걸하듯, 작은 명성을 모으는 데 집착한다. 그러나 진정한 가치는 남들에게 보여주려 애쓰지 않아도 자연스럽게 드러나는 법이다. 자신의 재능을 드러내려 하지 말고, 묵묵히 실천하라. 진정한 존경은 말이 아니라 행동에서 나온다. 자신의 공적을 자랑하기보다는 남들에게 도움이 되도록 활용하라. 그리고 지나친 자만심으로 인해 오히려 남들에게 조롱받는 실수를 하지 마라. 중요한 것은 영웅처럼 보이는 것이 아니라, 진정한 영웅이 되는 것이다.

탁월함과 위엄으로
자신을 완성하라

위대한 사람은 위대한 재능을 지닌다. 가장 뛰어난 재능이 가장 위대한 인물을 만들어낸다. 하나의 특별한 재능은 수많은 평범한 능력을 뛰어넘는다. 어떤 사람들은 자신의 모든 것이 크고 웅대하기를 원하며, 심지어 사소한 도구조차 거대하게 만들고 싶어 한다. 하지만 진정으로 위대한 사람이라면 정신적인 재능 또한 그에 걸맞게 위대해야 한다. 신에게 있어 모든 것이 무한하고 거대하듯, 진정한 영웅도 그의 모든 것이 장엄하고 위엄 있어야 한다. 그의 행동 하나하나, 그리고 심지어 그가 하는 말조차도 특별한 무게를 지녀야 한다.

항상 누군가가 지켜보고 있다고 생각하며 행동하라. 신중한 사람은 자신의 행동이 언젠가 다른 사람들에게 알려질 것임을 알고 조심한다. 그는 벽에도 귀가 있으며, 잘못된 행동은 결국 드러나게 된다는 사실을 이해한다. 혼자 있을 때조차도 마치 온 세상이 자신을 보고 있는 것처럼 행동하며, 결국 모든 것이 밝혀질 것임을 인식한다. 그는 이미 누군가가 보고 있는 것처럼 행동하며, 언젠가 그의 행동이 사람들의 입에 오르내릴 것을 염두에 둔다. 모든 이들의 주목을 받기를 원했던 사람은, 정작 다른 이들이 그의 사적인 영역까지 들여다볼 때 그것을 무시할 수 없다는 사실을 깨닫게 된다.

뛰어난 사람은 재능, 깊은 사고, 그리고 유쾌한 취향을 갖춘다

진정한 고귀함은 세 가지 요소에서 나온다. 그것은 풍부한 지성, 깊이 있는 판단력, 그리고 유쾌하면서도 적절한 감각이다. 상상력은 훌륭한 선물이지만, 뛰어난 이성과 선을 이해하는 능력은 더욱 위대하다. 지성은 예리해야 하며, 억지로 작동해서는 안 된다. 그것은 등골이 아니라 머리에 자리 잡아야 한다. 스무 살에는 의지가 강하고, 서른 살에는 지성이 우위를 점하며, 마흔 살이 되면 판단력이 가장 중요한 역할을 한다. 어떤 사람들은 타고난 지성 덕분에 스스로 빛을 발하며, 마치 스라소니의 눈처럼 가장 어두운 상황에서도 명확한 이성을 유지한다. 또 어떤 이들은 언제나 최선의 선택을 찾아내며, 뛰어난 통찰력을 자주 그리고 정확하게 발휘한다. 아, 풍부한 재능을 가진 사람들은 얼마나 행복한가! 좋은 감각은 인생 전체를 조화롭게 만든다.

사람들이 너를 원하도록 만들어라. 그들에게 강한 인상을 남기되, 모든 것을 쉽게 내어주지는 마라. 존중은 그에 대한 갈망의 크기로 측정된다. 완전히 충족시키기보다는 적당한 갈망을 남겨두는 것이 더 효과적이다. 좋은 것은 희귀할수록 더욱 가치가 있다. 같은 경험이 반복되면 처음의 감동은 빠르게 사라진다. 지나치게 풍족한 즐거움은 오히려 그 가치를 떨어뜨린다. 심지어 가장 위대한 명예조차도 흔해지면 시들해진다. 진정한 기쁨을 주는 방법은 사람들의 욕망을 자극하고, 기대감을 유지하는 것이다. 기다림이 깊어질수록 즐거움도 커지며, 기대하는 순간이 실제 경험보다 더 강한 만족감을 줄 수도 있다.

성숙한 사람이 되어라

성숙한 사람이 되어라. 그것이 모든 것을 설명해준다. 덕은 모든 완전함을 연결하는 고리이며, 행복의 중심이다. 덕을 갖춘 사람은 신중하고, 통찰력이 있으며, 현명하고 용감하며, 정직하고 행복한 삶을 산다. 그는 칭송받을 만한 존재가 되며, 진실함을 갖춘 보편적인 영웅이 된다. 성스러움, 지혜, 신중함-이 세 가지가 인간을 가장 가치 있는 존재로 만든다. 덕은 인간 내면의 태양과 같으며, 그 빛은 맑은 양심에서 비롯된다. 덕이 있는 사람은 신의 은총과 사람들의 사랑을 동시에 얻는다. 사람들은 덕 있는 이를 존경하며, 반대로 악덕은 가장 혐오스러운 것이다. 진정한 가치는 덕에서 나오며, 그 외의 모든 것은 일시적인 환상에 불과하다. 재능과 위대함도 결국 덕이 있어야 빛나며, 운에 기대서는 오래갈 수 없다. 오직 덕만이 스스로 충분하며, 덕이 있는 사람은 살아서는 존경받고, 죽어서는 영원히 기억된다.

발타자르 그라시안

17세기 스페인의 철학자이자 저술가. 예수회 수도사로 활동하며 인간의 본성과 사회적 성공에 대한 깊은 통찰을 남겼다. 대표작《세속적 지혜의 기술》(The Art of Worldly Wisdom)은 니체, 쇼펜하우어 등에게 영향을 주었으며, 현대에도 현실적 처세술과 삶의 전략서로 널리 읽히고 있다.

초역 발타자르 그라시안의 말

이 시대를 살아가는 법, 세속적인 지혜의 기술

초판 1쇄 인쇄 2025년 3월 20일
초판 1쇄 발행 2025년 4월 5일

지은이 발타자르 그라시안
마케팅 ㈜더북앤컴퍼니
펴낸곳 도서출판 THE북
출판등록 2019년 2월 15일 제2019-000021호
주소 서울특별시 영등포구 양평로12가길 14 310호
전화 02-2069-0116

이메일 thebook-company@naver.com

ISBN 979-11-990195-6-0 (03160)

이 도서의 국립중앙도서관 출판예정도서목록(CIP)은 서지정보유통지원시스템 홈페이지(http://seoji.nl.go.kr)와 국가자료종합목록 구축시스템(http://kolis-net.nl.go.kr)에서 이용하실 수 있습니다. (CIP제어번호 : CIP2020000006)